职工代表

学习手册

中国工人出版社

代表资料

■姓名：________________

■单位：________________

■电话：________________

■手机：________________

■邮箱：________________

■联系地址：________________

____

■邮政编码：________________

■其他重要号码：________________

我国是工人阶级领导的、以工农联盟为基础的人民民主专政的社会主义国家，国家一切权力属于人民。我国社会主义民主是维护人民根本利益的最广泛、最真实、最管用的民主。发展社会主义民主政治就是要体现人民意志、保障人民权益、激发人民创造活力，用制度体系保证人民当家作主。

增强群众工作本领，创新群众工作体制机制和方式方法，推动工会、共青团、妇联等群团组织增强政治性、先进性、群众性，发挥联系群众的桥梁纽带作用，组织动员广大人民群众坚定不移跟党走。增强狠抓落实本领，坚持说实话、谋实事、出实招、求实效，把雷厉风行和久久为功有机结合起来，勇于攻坚克难，以钉钉子精神做实做细做好各项工作。增强驾驭风险本领，健全各方面风险防控机制，善于处理各种复杂矛盾，勇于战胜前进道路上的各种艰难险阻，牢牢把握工作主动权。

——2017 年 10 月 18 日，《决胜全面建成小康社会　夺取新时代中国特色社会主义伟大胜利——在中国共产党第十九次全国代表大会上的报告》

坚持全心全意依靠工人阶级的方针，是坚持党对国有企业领导的内在要求。要健全以职工代表大会为基本形式的民主管理制度，推进厂务公开、业务公开，落实职工群众知情权、参与权、表达权、监督权，充分调动工人阶级的积极性、主动性、创造性。企业在重大决策上要听取职工意见，涉及职工切身利益的重大问题必须经过职代会审议。要坚持和完善职工董事制度、职工监事制度，鼓励职工代表有序参与公司治理。

——2016 年 10 月 11 日，习近平在全国国有企业党的建设工作会议上的讲话

目 录

CONTENTS

学习贯彻习近平总书记关于工人阶级和工会工作的重要论述……1
工会与职代会基础知识……6
职工代表履职知识……28
中华人民共和国工会法……47
企业民主管理规定……59
工作学习记录……71
学习培训记录……81
自由记录页……91
重要日期备忘录……212
重要事件备忘录……216
通讯录……220

学习贯彻习近平总书记关于工人阶级和工会工作的重要论述

★ 关于工会自觉接受党的领导

中国特色社会主义最本质的特征是中国共产党领导，中国特色社会主义制度的最大优势是中国共产党领导，党是最高政治领导力量。新时代坚持和发展中国特色社会主义的基本方略，把坚持党对一切工作的领导放在首要位置，强调党政军民学，东西南北中，党是领导一切的。坚持自觉接受党的领导是做好工会工作的根本政治原则和根本政治保证。习近平总书记强调："工会工作做得好不好、有没有取得明显成效，关键看有没有坚持正确政治方向。坚持正确政治方向，就是要坚持中国共产党领导和社会主义制度。"中国工会作为中国共产党领导的工人阶级群众组织，在坚持党的领导这个根本问题上必须头脑十分清醒、立场十分坚定、行动十分坚决。只有坚持党的领导，工会工作才能方向明确、不走偏路，才能做得有声有色、扎实有效，才能把党的领导落实到广大职工群众中去，才能巩固和发展党执政的阶级基础和群众基础。

★ 关于坚持全心全意依靠工人阶级方针

习近平总书记强调，坚持不忘初心、继续前进，就要坚定共产主义远大理想和中国特色社会主义共同理想，不断把为崇高理想奋斗的伟大实践推向前进。党的十九大重申我国是工人阶级领导的、以工农联盟为基础的人民民主专政的社会主义国家，指出从全面建成小康社会到基本实现现代化，再到全面建成社会主义现代化强国，是新时代中国特色社会主义发展的战略安排，强调必须坚持人民主体地位，把党的群众路线贯彻到治国理政全部活动之中，把人民对美好生活的向往作为奋斗目标，依靠人民创造历史伟业。因此，必须坚持党的全心全意依靠工人阶级方针，牢牢把握为实现中华民族伟大复兴的中国梦而奋斗这个我国工人运动的时代主题，在实现中国梦的伟大历史进程中充分发挥工人阶级主力军作用。

★ 关于把为实现中华民族伟大复兴中国梦而奋斗作为新时代我国工人运动时代主题

2013 年 10 月 23 日，习近平总书记同全国总工会新一届领导班子成员集体谈话，充分肯定中国工会十六大确定的为实现中华民族伟大复兴的中国梦而奋斗的工人运动时代主题，强调工会要牢牢抓住这个主题，把推动科学发展、实现稳中求进作为发挥作用的主战场，把做好新形势下职工群众工作、调动职工群众积极性和创造性作为中心任务，把巩固党执政的阶级基础和群众基础作为政治责任，竭诚为职工群众服务，切实维护职工群众权益，不断焕发工会组织的生机活力。习近平总书记在党的十九大上指出，在新时代中国特色社会主义的伟大实践中，要以党的坚强领导和顽强奋斗，激励全体中华儿女不断奋进，凝聚起同心共筑中国梦的磅礴力量！这既是对我国工人阶级为实现中国梦不懈奋斗的动员，又是在实现中国梦的新征程上开展党的职工群众工作的指针。

★ 关于坚持走中国特色社会主义工会发展道路

习近平总书记指出，中国特色社会主义是改革开放以来党的全部理论和实践的主题，全党必须高举中国特色社会主义伟大旗帜，牢固树立中国特色社会主义道路自信、理论自信、制度自信、文化自信，确保党和国家事业始终沿着正确方向胜利前进。中国特色社会主义工会发展道路，是中国特色社会主义道路在工会工作领域的具体展开，是中国工运事业蓬勃发展的必由之路、成功之路、胜利之路。深入学习、广泛宣传、积极实践中国特色社会主义工会发展道路，事关党的事业发展全局，事关工人阶级根本利益，事关中国工会前途命运，具有重大理论和实践意义。

★ 关于弘扬劳模精神和工匠精神

在我们党团结带领人民进行革命、建设、改革各个历史时期，广大劳模以高度的主人翁责任感、卓越的劳动创造、忘我的拼搏奉献，谱写出一曲曲可歌可泣的动人赞歌，为全国各族人民树立了光辉的学习榜样。全面建成小康社会，实现中华民族伟大复兴的中国梦，必须依靠劳动，必须依靠广大劳动者，以劳动模范为榜样，把劳模精神和工匠精神作为勇往直前的精神力量，爱岗敬业、勤奋工作，锐意进取、勇于创造，营造劳动光荣的社会风尚和精益求精的敬业风气，不断谱写新时代的劳动者之歌。

★ 关于高举维护职工权益旗帜

习近平总书记强调，人民立场是中国共产党的根本政治立场，实现好、维护好、发展好最广大人民根本利益，把人民拥护不拥护、赞成不赞成、高兴不高兴、答应不答应作为衡量一切工作得失的根本标准；要坚持以人民为中心的发展思想，使改革发展成果更多更公平惠及全体人民；增进民生福祉是发展的根本目的，必须多谋民生之利、多解民生之忧，在发展中补齐民生短板、促进社会公平正义，保证全体人民在共建共享发展中有更多获得感；工会要满腔热情做好服务职工群众工作，牢牢把握我国发展的阶段性特征，牢牢把握职工群众对美好生活的向往，高举维护职工权益的旗帜，面对面、心贴心、实打实做好职工群众工作，通过积极有效的维权服务工作，使广大职工始终团结在党的周围，不断增强党的执政基础、巩固党的执政地位。

★ 关于坚持增强“政治性、先进性、群众性”、去除“机关化、行政化、贵族化、娱乐化”改革方向

党的十八大以来，党中央对工会改革创新提出一系列明确要求。习近平总书记强调指出：“时代在发展，事业在创新，工会工作也要发展、也要创新。”在党的十九大报告中又对工会组织改革创新提出新的更高要求，强调创新群众工作体制机制和方式方法，推动工会、共青团、妇联等群团组织增强政治性、先进性、群众性，发挥联系群众的桥梁纽带作用，组织动员广大人民群众坚定不移跟党走。新形势下，工会工作只能加强，不能削弱；只能改进提高，不能停滞不前。推进工会改革创新，必须围绕保持和增强工会组织的政治性、先进性、群众性这条主线，强化问题意识，着力解决“机关化、行政化、贵族化、娱乐化”突出问题，把工会组织建设得更加充满活力、更加坚强有力。

★ 关于着力加强基层工会建设

基层工会组织处在群众工作第一线，离职工最近，联系职工最直接，服务职工最具体，是工会工作的基础和关键。必须从巩固党执政的阶级基础和群众基础的高度，把抓基层打基础作为长远之计和固本之策，始终坚持正确方向，不断创新工作方法，坚持“三个着力”，即着力扩大覆盖面、增强代表性，着力强化服

务意识、提高维权能力，着力加强队伍建设、提升保障水平，切实增强工会组织的凝聚力，引导广大职工群众坚定跟党走，为实现中华民族伟大复兴的中国梦添砖加瓦。

★ 关于把农民工这支工人阶级新生力量最广泛地组织到工会中来

习近平总书记高度重视农民工工作，强调农民工是我国工人阶级的重要组成部分，全社会都要关心关爱农民工，工会要把农民工组织起来，切实维护农民工合法权益，使他们在工业化、城镇化过程中成为工人阶级坚定可靠的新生力量，成为我们党执政的社会基础。党的十九大报告中强调，提供全方位公共就业服务，促进高校毕业生等青年群体、农民工多渠道就业创业。2017 年 4 月，中共中央、国务院印发的《新时期产业工人队伍建设改革方案》把促进农民工融入城市、稳定就业作为一项重要举措，提出要深入实施农民工学历与能力提升行动计划、农民工职业技能提升计划，帮助农民工特别是新生代农民工增加受教育培训机会，提高专业技能和胜任岗位能力。将农民工培养成为稳定就业的产业工人，公平保障其作为用人单位职工、城镇常住人口的权益，提供基本公共服务。这为做好农民工工作提出了新的更高的要求。

★ 关于加强新时代工人阶级地位及工运理论研究

习近平总书记强调，时代是思想之母，实践是理论之源，要保持和发扬马克思主义政党与时俱进的理论品格，勇于推进实践基础上的理论创新；要经常、广泛、深入开展调查研究，努力把真实情况掌握得更多一些、把客观规律认识得更透一些；要深入开展新时期工运理论研究，从理论和实践的结合上加以研究和探索。

丨工会与职代会基础知识丨

中国工会的产生

工人阶级是近代资本主义机器大工业的产物。中国近代工业与工人阶级的产生与形成，是在1840年鸦片战争之后，外国资本主义、帝国主义不断入侵中国，从而使中国由封建社会变为半殖民地半封建社会的过程中，随着19世纪40年代开始的外资企业，60年代开始的清政府官办企业和70年代开始的民办企业而产生、发展起来的。

中国工人阶级从产生之日起，就与剥削、压迫、欺凌自己的统治势力开展了坚决斗争，为改变自身处境进行了痛苦摸索。与资本主义国家的工人阶级相比，他们工作时间更长、工资更低、劳动条件更恶劣，因此更强烈地要求改变自己的悲惨处境，具有更彻底的革命性和斗争性。在不断进行的反对帝国主义、封建主义和官僚资本主义的经济和政治斗争中，工人阶级开始建立以行业和地域为纽带的群众性组织，包括封建社会早就存在的传统的行会、帮口和秘密结社组织等。随着近代工业的出现、发展和壮大及国内外新的工运思潮的影响，工人阶级从原始、分散和自发的斗争中积累经验，产生了对真正工人团体即工会组织的呼唤与渴求。

到1919年五四运动前夕，中国产业工人达到200万人以上，加上手工业工人、苦力、运输工人、农业雇工、商业和金融业的普通雇员等，数量更为宏大。工人阶级已成为一支重要的社会力量。在五四运动中，以上海为中心的全国工人总同盟罢工，推动了这一爱国运动取得决定性胜利，标志着中国工人阶级以独立的姿态登上历史舞台。

共产党早期组织成立后，通过举办工人补习学校、创办工人刊物，在工人群众中宣传马克思主义，并在工人群众中建立起真正能够代表工人利益的革命工会。1920 年，由上海的共产党早期组织领导的、第一个由工人组成、真正代表工人利益的新型工会——上海机器工会在杨树浦诞生。1921 年五一劳动节，在北京的共产党早期组织领导下，1000 多名工人在长辛店集会，宣布成立长辛店工人俱乐部，以示同旧式工会相区别。当时有很多共产党领导的革命工会以“工人俱乐部”命名。

工会的性质

★ 工会的政治性

政治性是工会组织的灵魂，是第一位的。工会组织要始终把自己置于党的领导之下，自觉维护党中央权威，坚决贯彻党的意志和主张，严守政治纪律和政治规矩，在思想上政治上行动上始终同党中央保持高度一致。坚定不移走中国特色社会主义工会发展道路，把自觉接受党的领导、团结服务职工群众、依法依章程开展工作有机统一起来，把职工群众最广泛最紧密地团结在党的周围作为衡量工会工作做得好不好的政治标准，最广泛地团结带领职工群众坚定不移跟党走，把党的意志和主张落实到广大职工群众中去，变成职工群众的自觉行动。

★ 工会的先进性

先进性是工会组织的力量之源。工会的先进性，体现在工会组织紧紧围绕党和国家工作大局，牢牢把握为实现中华民族伟大复兴的中国梦而奋斗的工运时代主题，多做组织职工、宣传职工、教育职工、引导职工的工作，做好统一思想、凝聚人心、化解矛盾、增进感情、激发动力的工作，引导广大职工群众不断提高思想觉悟和道德水平，坚定不移走中国特色社会主义道路，自觉践行社会主义核心价值观，弘扬劳模精神和工匠精神，使广大职工群众真正成为党执政的坚实依靠力量、强大支持力量、深厚社会基础。

★ 工会的群众性

群众性是工会组织的根本特点。把服务职工群众、维护职工群众权益的大旗牢牢掌握在工会手里，把竭诚为职工群众服务作为工会一切工作的出发点和落脚点，在维权和服务上更加有为，为党分忧、为民谋利，突出问题导向和职工需求导向，更多关注、关心、关爱普通职工，把工作力量更多地投向一线职工、困难职工群体和矛盾突出的地区和领域，突出做好对农民工的维权服务工作。坚持眼睛向下、面向基层，形成密切联系职工群众的长效机制，进万家门、访万家情、结万家亲，同职工群众打成一片，推动解决职工群众需要解决的问题，增加工会组织的吸引力和影响力。以职工群众为中心，让更多的职工群众参与到工会活动的设计、工会工作的部署中来，增强工会组织的广泛性和代表性，而不能让职工群众当配角、当观众，使广大职工群众从心底里感到工会是信得过的、能替自己办事的组织。

工会的地位

★ 工会的政治地位

中国工会是我国重要的社会政治团体，是国家政治体系中不可或缺的重要组成部分，是社会主义经济建设、政治建设、文化建设、社会建设以及生态文明建设中的一支重要力量。工会是党联系职工群众的桥梁和纽带。工会是国家政权的重要社会支柱。工会是职工利益的代表者、维护者。

★ 工会的经济地位

在社会主义市场经济条件下，工会的经济地位体现在劳动关系领域。建立协调稳定的劳动关系，要求工会作为劳动者集体劳权的代表，与资本所有者和经营管理者处在平等地位上。劳动关系双方地位平等是社会主义市场经济的必然要求。由于我国劳动力市场供求关系的不平衡，以及劳动者与用人单位之间权利义务存在事实上的不平等，需要通过工会来协调劳动关系。

★ 工会的法律地位

工会的法律地位是工会政治地位和经济地位在法律上的确认和保障。工会的法律地位表现为工会的法定权利与义务以及工会的法人资格等。从法定权利来说，工会的代表权是工会的各项权利的前提，工会的维护权、参与权、平等协商权、监督权是实质内容。

工会的职能

★ 维护职能

维护职工合法权益是工会的基本职责。工会通过各种利益协调机制、诉求表达机制、矛盾调处机制、权益保障机制，维护职工劳动经济权益、民主政治权利、精神文化需求和社会权益，解决职工群众最关心最直接最现实的利益问题、最困难最忧虑最急迫的实际问题。

★ 建设职能

工会通过组织职工参加社会主义劳动和技能竞赛、技术革新、技术协作、合理化建议、节能减排等活动，组织动员职工群众积极参加经济建设，努力完成生产任务和工作任务，为推动社会主义经济建设、政治建设、文化建设、社会建设以及生态文明建设作贡献。

★ 参与职能

宏观参与：工会代表和组织职工参与国家和社会事务管理，通过参与人大立法、政府与工会联席（联系）会议、三方协商机制等多种途径，在立法、政策制定等源头领域充分表达和反映职工的意愿与要求，推动涉及职工切身利益的各项法律法规、政策的制定与实施。

微观参与：工会代表和组织职工参与企业、事业单位的民主管理，通过职工代表大会制度、厂务公开、职工董事和职工监事制度等形式，参与企业涉及职工切身利益重大事项的审议和决定，落实职工的知情权、参与权、表达权和监督权。

★ 教育职能

工会利用工人文化宫、工人俱乐部、职工书屋等文化阵地，开展职工喜闻乐见、丰富多彩的业余文化活动；通过各类职工技校、工会培训阵地开展职业技术技能、创业就业培训，培养更多掌握新知识、新技能、新本领的知识型工人和一线创新人才，建设学习型、知识型、创新型职工队伍。

工会的权利

工会享有的权利是《中华人民共和国工会法》（以下简称《工会法》）赋予的，主要有以下几个方面。

★ 代表权

工会的代表权是工会的一项基础性权利，指工会有代表职工利益的权利。

★ 维护权

法律赋予工会维护职工的民主权利、劳动生产安全权、劳动权益和经济利益及学习权利等。

★ 参与权

工会有代表职工参与国家和社会事务的管理以及参与企业管理的权利。

★ 检查与监督权

监督企事业单位民主管理制度、劳动法律法规、女职工权益保护法律法规的执行情况；对涉及职工利益的情况有权进行调查；对企业、事业单位处分职工，工会认为不适当的，有权提出意见。

★ 协商谈判权

工会具有代表职工与企业一方就劳动报酬、工作时间、休息休假、劳动安全卫生和社会保险福利等事项进行协商谈判、签订集体合同的权利。

工会的组织原则

★ 全国建立统一的中华全国总工会

《工会法》第十条和《中国工会章程》第十一条规定："全国建立统一的中华全国总工会。""中华全国总工会是各级地方总工会和各产业工会全国组织的领导机关。"全国建立统一的中华全国总工会，是维护我国工人阶级和工会组织的团结统一，坚持走中国特色社会主义工会发展道路的一项重要组织原则。

★ 实行同级党组织和上级工会双重领导，以同级党组织领导为主的原则

工会首先要自觉接受党组织的领导，认真贯彻党中央和上级党组织对工会工作的重要指示，工会工作中的重大问题要及时向党组织汇报，提请党组织研究决定。其次还要接受上级工会的领导。其基本要求是：认真贯彻上级工会的重要决议和工作部署；按照上级工会的要求，结合本地区、本单位的实际开展工作；工会的重要工作和涉及职工利益的重大问题、信息及时向上级工会报告；召开工会代表大会的报告、换届选举结果和届中人事变动情况，及时报上级工会审批；工作上主动接受上级工会的监督检查与指导。

★ 民主集中制原则

《中国工会章程》第九条作了具体规定："中国工会实行民主集中制，主要内容是：（一）个人服从组织，少数服从多数，下级组织服从上级组织。（二）工会的各级领导机关，除它们派出的代表机关外，都由民主选举产生。（三）工会的最高领导机关，是工会的全国代表大会和它所产生的中华全国总工会执行委

员会。工会的地方各级领导机关，是工会的地方各级代表大会和它所产生的总工会委员会。（四）工会各级委员会，向同级会员大会或者会员代表大会负责并报告工作，接受会员监督。会员大会和会员代表大会有权撤换或者罢免其所选举的代表和工会委员会组成人员。（五）工会各级委员会，实行集体领导和分工负责相结合的制度。凡属重大问题由委员会民主讨论，作出决定，委员会成员根据集体的决定和分工，履行自己的职责。（六）工会各级领导机关，经常向下级组织通报情况，听取下级组织和会员的意见，研究和解决他们提出的问题。下级组织向上级组织请示报告工作。”

★ 产业与地方相结合的组织领导原则

（1）基层工会的建立按照“同一企业、事业单位、机关和其他社会组织中的会员，组织在一个工会基层组织中”的原则，凡是符合条件的职工，都可以申请加入所在单位工会。

（2）产业工会的建立按照“同一行业或者性质相近的几个行业，根据需要建立全国的或者地方的产业工会组织”的原则，除铁路、民航、金融、邮政电信以及交通、长江航运等少数行政管理体制实行垂直管理的产业，其工会组织实行产业工会和地方工会双重领导，以产业工会领导为主外，其他产业工会均实行以地方工会领导为主，同时接受上级产业工会领导的体制。

（3）地方工会的建立按照行政区划，在省、自治区、直辖市，设区的市和自治州，县（旗）、自治县、不设区的市建立地方总工会。地方总工会是当地地方工会组织和产业工会地方组织的领导机关。

（4）全国产业工会的设置，由中华全国总工会根据需要确定。各级地方产业工会组织的设置，由同级地方总工会根据本地区的实际情况确定。

（5）全国建立统一的中华全国总工会。中华全国总工会是各级地方总工会和各产业工会全国组织的最高领导机关，对全国工会工作实行统一领导。决不允许出现脱离中华全国总工会领导的“独立工会”“民间工会”等非法工会组织，切实维护职工队伍和工会组织的团结统一。

工会的组织制度

★ 会员（代表）大会制度

工会的最高领导机关，是工会的全国代表大会和它所产生的中华全国总工会执行委员会；工会的地方各级领导机关，是工会的地方各级代表大会和它所产生的总工会委员会；基层工会的领导机关，是基层工会会员（代表）大会和它所产生的基层工会委员会。

★ 基层工会会员代表大会代表常任制

基层工会会员代表大会代表常任制，是指基层工会会员代表大会的代表在规定的任期内，始终具有代表资格、享有代表权利和履行义务的制度。会员代表的任期从每次工会会员代表大会第一次会议召开起，到下次本级工会会员代表大会的代表选举后，代表大会的第一次会议召开为止。会员代表可以连选连任。

★ 民主选举制度

实行民主选举制度，是工会组织性质的本质体现。《中国工会章程》第十条明确规定：“工会各级代表大会的代表和委员会的产生，要充分体现选举人的意志。候选人名单，要反复酝酿，充分讨论。选举采用无记名投票方式，可以直接采用候选人数多于应选人数的差额选举办法进行正式选举，也可以先采用差额选举办法进行预选，产生候选人名单，然后进行正式选举。任何组织和个人，不得以任何方式强迫选举人选举或不选举某个人。”

★ 联合制、代表制

《中国工会章程》第十二条规定：“全国产业工会、各级地方产业工会、乡镇工会和城市街道工会的委员会，可以按照联合制、代表制原则，由下一级工会组织民主选举的主要负责人和适当比例的有关方面代表组成。”

★ 委员替补、增补制

经工会全国代表大会选举产生的中华全国总工会执行委员会委员和经费审查委员会委员中的各级工会领导人，当他们的职务变动时，由省级总工会或全国产业工会提名，经中华全国总工会执行委员会全体会议确认，可以由该级工会新任领导人或其他合适的人选替补；根据工作需要，工会组织领导人或与工会工作联系密切的有关方面的人员，需要作为中华全国总工会执行委员会委员或经费审查委员会委员时，由全国总工会书记处提名，经中华全国总工会执行委员会主席团审议同意，在中华全国总工会执行委员会全体会议上予以增补，在下次工会全国代表大会预备会议上予以确认。

工会的组织结构

工会各级组织按照民主集中制原则建立，包括中华全国总工会、地方工会组织、基层工会组织和产业工会组织。

★ 中华全国总工会

中华全国总工会是中国工会的最高领导机关，负责指导各地方和全国产业工会开展工作，代表中国工会参加国际工会活动。

★ 地方工会组织

地方总工会是工会的地方组织，是按照我国地方行政区划建立的，包括省（自治区、直辖市）、省辖市（自治州）和县（市、旗、区）三级。

★ 基层工会组织

企业、事业单位、机关有会员 25 人以上的，应当建立基层工会委员会；不足 25 人的，可以单独建立基层工会委员会，也可以由两个以上单位的会员联合建立基层工会委员会，也可以选举组织员一人，组织会员开展活动。女职工人数较多的，可以建立工会女职工委员会，在同级工会领导下开展工作；女职工人数较少的，可以在工会委员会中设女职工委员。企业职工较多的乡镇、城市街道，可以建立基层工会的联合会。

★ 产业工会组织

产业工会是按照国民经济体系的行业划分建立起来的工会组织，一般在全国、省、市（县）三级建立。产业工会全国组织的设置，由全国总工会根据需要确定。它们是中华全国铁路总工会、中国民航工会、中国金融工会、中国教科文卫体工会、中国海员建设工会、中国能源化学地质工会、中国机械冶金建材工会、中国国防邮电工会、中国财贸轻纺烟草工会、中国农林水利气象工会。

工会经费的来源

★ 会员缴纳的会费

按照全国总工会关于工会会员缴纳会费的相关规定，会员个人按照本人每月基本工资收入的 0.5% 向工会组织缴纳会费。会员缴纳会费是会员应尽的义务，是会员具有工会组织观念的具体体现。会员所缴纳的会费，全部留在基层工会使用。

★ 企业、事业单位、机关和其他社会组织按全部职工工资总额的 2% 向工会拨缴的经费

这是工会经费的主要来源。企业、事业单位、机关和其他社会组织按每月全部职工工资总额的 2% 向工会拨缴的经费中的“全部职工”，是指由建立工会组织的单位支付劳动报酬的各种人员，包括正式职工、合同制职工、农民工、临时工和计划外用工等。“工资总额”，是指在一定时期内直接支付给本单位全部职工的劳动报酬总额。支付给全部职工的劳动报酬总额，按照国家统计局〔1990〕1 号令规定，不论是否计入成本，不论是否按国家规定列入计征奖金税项目，不论是否以货币形式支付，均应列入工资总额计算范围。

★ 工会所属的企业、事业单位上缴的收入

工会独立核算的企业、事业单位占用工会资产经营或开展活动，取得并上缴的收益，用以弥补工会开展活动的经费不足，是工会经费来源的必要补充。

★ 人民政府和企事业单位、机关和其他社会组织的补助

各级人民政府和企业、事业单位、机关应当为工会办公和开展活动，提供必要的设施和活动场所等物质条件，以及各级人民政府支持工会工作给予的补助。

★ 其他收入

主要包括工会资产处置收入、银行存款利息收入和接受社会或个人捐助的收入等。

工会经费的用途

★ 会员活动费

使用工会会员缴纳的会费，组织会员活动，开展春游秋游、参观、联欢、看电影等集体活动发生的各项费用等。

★ 职工活动费

主要包括职工教育开支、文体活动开支、宣传活动开支、其他活动如技协活动的开支。

★ 职工集体福利费

由工会组织的职工集体福利等方面的支出。主要用于工会组织逢年过节向全体会员发放少量的节日慰问品，会员个人和家庭发生困难情况的补助，以及会员本人过生日的慰问等。

★ 事业支出

用于由工会管理和为职工服务的文体、教育、生活服务等附属事业的费用以及对所属事业单位必要的补助支出。

★ 工会业务费

主要包括干部培训费用；工会专业工作会议的各项费用；开展大型活动支出的专项业务费用；开展外事活动方面的费用；不计入上述费用的其他费用，如基层工会送温暖费用等。

★ 工会行政费

县级以上工会机关的行政管理、后勤保障的各项支出。

★ 专项资金支出

县以上工会专用科目。如县级以上工会的专项工程及单台件在 5 万元以上的设备购置、专项维修等。

★ 补助下级支出

县以上工会为解决下级工会经费不足或根据有关规定给予的补助款项。

★ 其他支出

用于以上支出项目以外的各项支出，如按规定计提的增收留成基金、财务专用基金等。

★ 上解经费支出

按照规定比例上解上级工会的经费支出。

★ 提取预算周转金和后备金

全国总工会、省级工会从本级当年经费结余中提取一定比例的预算周转金，用于调剂预算年度内季节性收支差额。

县以上工会根据需要，可以从本级当年经费结余中提取一定比例的后备金作为储备，用于特殊情况下的资金需要，如需要动用时，必须经过本级工会常委会批准。

严格控制工会经费开支

★ 不准用工会经费购买购物卡、代金券等，搞请客送礼等活动。

★ 不准违反工会经费使用规定，滥发津贴、补贴、奖金。

★ 不准用工会经费支付高消费性的娱乐健身活动。

★ 不准单位行政利用工会账户，违规设立“小金库”。

★ 不准将工会账户并入单位行政账户，使工会经费开支失去控制。

★ 不准截留、挪用工会经费。

★ 不准用工会经费参与非法集资活动，或为非法集资活动提供经济担保。

★ 不准用工会经费报销与工会活动无关的费用。

职代会制度

职代会制度是指企事业单位经营管理者与全体职工通过职代会实行民主管理所必须共同遵守的一整套运行规程和活动准则。职代会制度并不是简单地召开一次会议，而是根据法律规定，按照一定程序建立的一项企事业单位民主管理制度，它包括组织制度、职权界定、工作制度等规则。职代会包括两种形态，即职工大会和职工代表大会，两者在性质、任务、职权等方面没有区别，只是在会议的组织工作方面有所不同。

根据相关法律及政策性文件规定，职代会是企事业单位实行民主管理的基本形式，是职工行使民主管理权力的机构。这表明，职代会制度是企事业单位民主管理制度的一部分，是企事业单位包括经营管理者在内的全体职工参加单位管理的制度，是广大职工依法享有的知情权、表达权、参与权、监督权，以及一定程度的选举权、决策权等民主管理权利得以落实的权力机构，是企事业单位实行民主管理不可替代的基本形式。

从本质上来说，职代会制度是一种民主制度，是我国基层民主制度的重要组成部分。它是以尊重职工的民主权利为基础，以规范的民主程序为保障，以审议企事业单位重大决策、监督行政领导、维护职工的合法权益为主要任务，最终实现企事业单位与职工的共同发展。

职代会

在我国，企事业单位民主管理制度有职代会、厂务公开、职工董事职工监事等制度。此外，还有职工民主管理委员会、民主议事会、恳谈会等其他民主管理的重要形式和补充形式。

在上述民主管理制度中，职代会是企事业单位实行民主管理的基本形式，是民主管理制度体系的基础和核心，起着统领作用，能够作出对单位和职工有约束力的决议、决定。其他的民主管理形式是职代会制度的辅助和补充，重点在于沟通协调，但没有决定权。尽管如此，其他民主管理形式却可以完善和充实职代会制度，并与职代会制度相辅相成，共同促进企事业单位完善管理。

之所以说职代会是企事业单位实行民主管理的基本形式，这主要是由职代会本身所具有的特征决定的。职代会制度具有法定的权威性、广泛的适用性、普遍的代表性、职权的全面性和充分的公开性，特别是采取票决制的少数服从多数的民主原则，都是其他民主管理形式所不具备的，因此其他民主管理形式都不能替代职代会成为企事业单位民主管理制度的基本形式。

职代会的职权

在我国境内的企业，不分性质规模，职代会实行统一的职权。企业的重要事项应当经过职代会讨论研究。根据《企业民主管理规定》，职代会行使下列职权：

★ 听取企业主要负责人关于企业发展规划、年度生产经营管理情况，企业改革和制定重要规章制度情况，企业用工、劳动合同和集体合同签订履行情况，企业安全生产情况，企业缴纳社会保险费和住房公积金情况等报告，提出意见和建议；审议企业制定、修改或者决定的有关劳动报酬、工作时间、休息休假、劳动安全卫生、保险福利、职工培训、劳动纪律以及劳动定额管理等直接涉及劳动者切身利益的规章制度或者重大事项方案，提出意见和建议。

★ 审议通过集体合同草案，按照国家有关规定提取的职工福利基金使用方案、住房公积金和社会保险费缴纳比例和时间的调整方案，劳动模范的推荐人选等重大事项。

★ 选举或者罢免职工董事、职工监事，选举依法进入破产程序企业的债权人会议和债权人委员会中的职工代表，根据授权推荐或者选举企业经营管理人员。

★ 审查监督企业执行劳动法律法规和劳动规章制度情况，民主评议企业领导人员，并提出奖惩建议。

★ 法律法规规定的其他职权。

国有企业和国有控股企业职代会除以上职权外，还行使下列职权：

★ 听取和审议企业经营管理主要负责人关于企业投资和重大技术改造、财务预决算、企业业务招待费使用等情况的报告，专业技术职称的评聘、企业公积金的使用、企业的改制等方案，并提出意见和建议。

★ 审议通过企业合并、分立、改制、解散、破产实施方案中职工的裁减、分流和安置方案。

★ 依照法律、行政法规、行政规章规定的其他职权。

职代会的组织机构

★ 职代会主席团

职代会主席团是职代会会议期间的组织领导机构。它的主要职责是：①主持召开职代会，领导大会期间的各项活动，处理大会期间出现的问题；②听取和综合各职工代表团（组）对各项议题审议的意见，审议通过大会议程；③组织各代表团（组）审议列入大会议程的议案；④决定各代表团和代表在会议期间提出的罢免案、质询案的审议程序；⑤研究大会议题中需要通过和决定的事项，草拟大会决议；⑥主持选举；⑦处理大会期间出现的其他问题。

★ 职代会专门委员会（小组）

职代会专门委员会（小组）为职代会依法行使职权服务的专门工作机构，隶属职代会领导，对职代会负责，其日常活动由企事业单位工会委员会负责组织。

职代会专门委员会（小组）的机构设置，通常根据职代会行使职权内容和实际需要。规模较大的单位，一般设立生产经营、规章制度、薪酬福利、提案工作、民主评议等专门委员会（小组）。规模较小的单位可设立一个综合性的民主管理专门委员会（小组）。

专门委员会（小组）的主要工作职责是：审议提交职代会的有关议案；在职代会闭会期间，根据职代会的授权，审定属本专门委员会（小组）分工范围内需要临时决定的问题，并向职代会报告予以确认；检查、督促有关部门贯彻执行职代会决议和提案的处理；办理职代会交办的其他事项。

★ 职代会联席会议

职代会联席会议是在职代会闭会期间，根据职代会授权，为解决临时需要职代会审议或审查的某些重要问题而实行的工作形式。职代会联席会议协商讨论解决的属于职代会职权范围的问题，必须提请下一次职代会确认。

职代会联席会议由企事业单位工会负责召集，由职工代表团（组）长、职代会专门委员会（小组）负责人组成，还可以根据会议内容邀请单位领导人员或其他有关人员参加。

职代会的基本规则

★ 职代会每届任期为三年至五年。具体任期由职代会根据本单位的实际情况确定。

★ 职代会每年至少召开一次会议。职代会必须有全体职工代表三分之二以上出席，方可召开。

★ 提交职代会审议和审议表决的有关材料，应当在会议召开七日前，以书面形式送达职工代表。

★ 职代会选举和表决相关事项，必须按照少数服从多数的原则，经全体职工代表的过半数通过。对重要事项的表决，应当采用无记名投票的方式分项表决。

★ 职代会在其职权范围内依法审议通过的决议和事项具有约束力，非经职代会同意不得变更或撤销。企事业单位应当提请职代会审议、通过、决定的事项，未按照法定程序审议、通过或者决定的无效。

职代会的会议流程

★ 会议筹备

本阶段的主要任务是：①企事业单位和工会协商确定会议议题和议程；②企事业单位和工会协调相关职能部门起草提交大会审议和审议表决的相关材料；③工会组织职工代表的选举、撤换、补选；④做好大会的其他相关事项。

★ 预备会议

职代会召开前，企事业单位应当召开预备会议。会议的主要程序是：①选举大会主席团；②审议职代会筹备工作情况报告；③审议职工代表资格审查情况报告；④审议通过职代会议题和议程；⑤决定大会其他有关事项。

★ 正式会议

职代会正式会议由主席团推选的主持人主持。工作人员清点出席本次会议的职工代表人数，并向大会主持人报告。出席会议的职工代表达到全体代表数的三分之二以上，方可以召开会议。

正式会议的主要程序一般为：①会议主持人报告本次职代会代表出席情况，确认职代会召开有效，宣布大会开始；②听取需要提交职代会审议或审议通过的有关工作报告，以及涉及职工切身利益事项方案或草案的情况说明和上次职代会决议、提案和集体合同履行、处理、落实情况的报告；③听取需要接受职代会民主评议人员的述职、述廉报告；④审议讨论有关报告、方案或草案，职工代表应当充分表达意愿和诉求，提出意见和建议；⑤审议通过有关方案或草案；⑥对有关人员进行民主选举；⑦对有关人员进行民主测评；⑧形成决议，大会总结。

★ 会后工作

企事业单位应当在职代会闭会后，向全体职工公布职代会审议通过的事项和决议。企事业单位工会及时汇总整理相关材料，形成职代会文书档案。

职代会的工作制度

★ 职代会的会议制度

如职工代表选举制度、职代会预备会议制度、代表团（组）长会议制度、主席团会议制度、职代会全体会议制度、代表团（组）长和专门委员会（小组）联席会议制度、专门委员会（小组）会议制度等。

★ 职代会提案制度

如提案征集制度、提案审查制度、提案反馈制度等。

★ 职代会选举表决制度

如职工代表的选举规则，程序事项的表决规则，重大事项的表决规则，职工代表的辞职、罢免规则。

★ 调查研究制度

即围绕企事业单位各个时期的中心工作以及生产经营管理和职工生活中的重大问题，有目的地进行调查研究的制度。

★ 职工代表巡视、检查等监督制度

即对职代会决议的贯彻和提案落实的情况，以及职代会各专门委员会（小组）活动，部门（车间）、班组日常民主管理活动进行定期检查的制度。

★ 职代会的质量评估制度

其目的是通过评估，及时发现问题，找出差距，帮助整改，提高职代会运行质量。

★ 接待职工群众制度

即由企事业单位党政工领导和部分职工代表轮流，定期或不定期地接待职工群众来访的制度，以便及时了解职工群众的愿望和要求。

★ 职工代表质询、恳谈制度

即企事业单位建立定期和不定期的领导干部与职工代表协商恳谈制度。

★ 职工代表培训制度

即根据需要，对职工代表进行民主管理知识和企事业单位管理常识的入门教育、专题培训、定期轮训的制度。其目的是提高职工代表的素质和参与能力，以提高职代会的功效。

| 职工代表履职知识 |

职工代表

职工代表是按照一定民主程序选举产生，代表广大职工参加企事业单位职代会并行使民主管理权利的职工。职工代表是职代会的基本组成要素，是行使职代会职权的主体。

★ 职工的委托人

从产生程序来看，职工代表是由职工直接选举产生，是受选区职工委托参加职代会的。委托的背后是选区职工对他的信任和期望，是职工的代言人，职工权益的代表者。所以，当选的职工代表在参加职代会等民主管理活动的过程中，肩负着代表职工群众行使民主管理权利的责任和义务，应代表全体职工行使参与权利，反映利益诉求。

★ 企事业单位的参谋人

职工代表是推进企事业单位民主管理的重要力量，不仅代表职工的利益，传民意，也代表着职工的智慧，是职工的代言人、企事业单位决策的参谋、企事业发展的促进者。职工代表应充分发挥“智囊团”作用，给所在单位领导在决策上献忠言、出良策，尤其要围绕企事业单位改革发展的难点问题出谋划策，围绕经营管理的焦点问题集思广益。

★ 企事业单位和职工之间的桥梁

由于职工代表是代表选区职工参与企事业单位管理，他一头联结选区职工，另一头联结企事业单位，因而在职工群众和企事业单位之间还承担了中介人的角色，起着上传下达的联结作用。职工代表要切实发挥好这种桥梁和纽带作用，既要对选举自己的职工负责，充分表达和维护职工的合法权益，又要努力做企事业单位管理者与职工利益协调的“润滑剂”，成为单位发展的“助推器”，使上下一心，协力奋进，共促发展。

职工代表的权利

★ 在职代会上有选举权、被选举权和表决权

职工代表的选举权和被选举权，主要是指有权利选举和有权利当选为职工代表团（组）长、职代会专门委员会（小组）成员、职代会主席团成员、公司制企业的职工董事职工监事等。表决权是指在职代会的各种会议上对各项决议、议案行使、表达自己的真实意愿，进行投票、参与决策的权利。

★ 参加职代会及其工作机构组织的民主管理活动

职工代表有权参加职代会的各项会议，以及职代会组织的各项活动，在会议上享有发言权，可以充分表达自己的意见建议，提出各种工作建议，包括职代会的提案建议。

★ 对单位领导人员进行评议和质询

职工代表有权对单位领导人员提出批评意见；在职代会上提出质询，要求相关人员予以回答；有权参加对领导人员的民主评议。职工代表的这项权利也表明，单位各级行政领导人员，有接受评议、质询并认真作出回答的义务。

★ 在职代会闭会期间对单位执行职代会决议情况进行监督、检查

包括提议并参加调研、巡视、检查等活动。这是职工代表的监督权利，但应在职代会及其工作机构的组织下进行，不是职工代表个人的随意行为，行政一方有义务接受检查。

职工代表的义务

★ 遵守法律法规、单位规章制度，提高自身素质，积极参与企事业单位民主管理。职工代表要赢得职工群众的信任，代表选区职工行使好民主参与权利，不仅要带头遵守国家法律法规和单位的各项规章制度，支持单位正常的生产经营管理活动，还要不断加强学习，努力提高自身素质，增强参与民主管理的能力，履行好代表职责，尤其要以实际行动影响和带动职工群众，团结广大职工为企事业单位的发展献计出力。

★ 依法履行职工代表职责，听取职工对单位生产经营管理等方面的意见和建议，以及涉及职工切身利益问题的意见和要求，并客观真实地向有关方面反映。职工代表必须与职工群众保持密切的联系，注意听取和收集职工群众的意见和建议，通过多种形式和渠道，及时如实地向单位或工会反映职工群众的心声和利益诉求。

★ 参加职代会组织的各项活动，执行职代会通过的决议，完成职代会交办的工作。职代会闭会后，职工代表不仅要带头执行职代会决议，还要起到上情下达的作用，积极向职工群众宣传职代会决议和审议通过的有关事项，引导职工群众共同遵守和执行，维护职代会的严肃性。职工代表还应认真做好职代

会交办的各项工作，参与日常民主管理的各项活动，如参加职工代表巡视检查，积极参加并带动职工参加立功竞赛、合理化建议等活动。

★ 向选举单位的职工报告参加职代会活动和履行职责情况，接受职工的评议和监督。职工代表由职工民主选举产生，应当对选区职工负责。职工代表有义务向选区职工通报参加职代会活动和履行职责的情况，接受职工的评议监督。选区内的职工可以对职工代表履职情况进行评议，有权对不履行或无法履行代表职责的职工代表提出撤免建议。

★ 保守商业秘密和与知识产权相关的保密事项。职工代表对在履职过程中获悉的有关商业秘密，要严格保守，维护单位利益和外部形象。

职工代表的具体职责

★ 要密切联系群众，经常征求和注意收集职工群众的意见和要求，并能正确反映职工群众的呼声和要求，及时向工会反映。

★ 要收集职工群众的意见，发动职工群众就企事业单位生产经营管理等方面多提提案，提好提案，促进单位和职工的共同发展。

★ 积极参加职代会及闭会期间的各项活动，认真代表职工群众参与巡视检查工作，发现问题，及时对单位行政领导进行民主质询。

★ 认真学习党和国家的方针、政策、法律、法规，自觉履行职代会的各项决定、决议的落实，不但要做好本职工作，更要做职工群众的楷模。

职工代表的主要活动方式

★ 会前活动

在职代会召开之前，职工代表要做好必要的准备工作。一是熟悉材料。认真阅读提前发给职工代表的单位行政工作报告（讨论稿）和各项拟审议讨论方案（草案）等有关文件，了解和掌握大会中心议题。这要求职工代表不只是到时候参加会议，而是要事先明确会议的主要内容是什么。二是调查研究。围绕中心议题，广泛听取周围职工群众对工作报告（讨论稿）和各项议案（草稿）等文件的意见和建议，并加以综合整理。通常需要每名职工代表从职工群众中征集有关生产、经营、管理等方面的意见和建议来参加职代会。三是反映意见。将综合整理好的意见和建议，以口头或书面的形式反映给所在职工代表团（组）。四是提出提案。在征集职工群众意见的基础上，有针对性地提出提案。

★ 会中活动

在职代会会议期间，职工代表要认真参加各项工作：一是根据通知要求，做好准备，按时参加职代会的预备会议和正式会议。二是参加预备会议，听取并审议职代会主席团名单、大会秘书长名单、代表资格审查委员会（小组）关于代表资格的审查报告（指换届大会）、大会议程和其他需要确认的事项。三是认真听取单位有关领导在职代会上所作的工作报告、方案及其说明。四是做好讨论发言的准备，有条件的最好写出发言提纲。五是积极参加对工作报告和各项议案的讨论，在讨论会上，要畅所欲言，充分发表意见。六是根据职代会议程，经过充分思考，认真行使表决权和选举权。

★ 会后活动

职代会结束以后，职工代表要积极宣传贯彻大会的各项决议、决定，做好有关工作。一是向所在单位职工汇报、宣传职代会所通过的决议或作出的决定，对职工群众不清楚的问题做好解释工作。二是收集周围职工对职代会通过的各项决议、决定的意见，向所在职工代表团（组）反映。三是以实际行动影响和带动周围职工群众贯彻落实职代会的决议和决定，并起表率作用。

此外，在职代会闭会期间，职工代表要积极参加所在单位的日常民主管理活动，发挥好代表的作用。这是职工代表在职代会中发挥作用的继续和深入，是以贯彻落实职代会决议、决定为主要内容开展的。①根据职代会通过的年度生产经营目标，积极组织和带动周围职工群众通过开展合理化建议活动、劳动竞赛等群众性的经济技术创新工程的活动。②带领职工群众积极贯彻和落实职代会通过的各项决议（如集体合同要求职工要遵守和完成的事项、单位改革改制方案的执行、各项规章制度的执行等）；及时反映生产经营和管理中出现的问题和决议执行中出现的新情况，敦促有关部门纠正和解决。③参加职工代表团（组）组织的职工代表视察活动，积极提出问题，对重要问题要做好记录。④参加职代会有关专门委员会（小组）组织的民主质询、民主对话及其他活动。⑤参加职代会决议贯彻落实情况的检查监督工作。⑥在车间、班组、科室民主管理中发挥骨干作用。

职工代表的履职途径

职代会制度不仅仅是指企事业单位召开的职代会会议，还包括与会议相关的一系列制度设计，如职代会联席会议、职代会专门委员会（小组）、日常民主管理等。为此，职工代表的履职途径或渠道也就不仅仅是参加职代会会议，还包括职代会制度的各项活动，如开展调查研究、提案、巡视检查等。

★ 参加职代会专门委员会（小组）工作

职代会专门委员会（小组）是为职代会依法行使职权服务的专门工作机构，是加强职代会会议与日常民主管理活动之间内在联系的重要工作载体。其主要任务是组织职工代表开展民主管理专项活动，办理职代会交办的有关事项。参加职代会专门委员会（小组）的职工代表应努力提升个人素质和业务能力，配合其他小组成员，积极履行好专门委员会（小组）的职责，为职代会的有效运行奠定坚实基础。

★ 参加职代会提案工作

职代会提案工作是职工代表行使民主权利，参与企事业单位管理的一种重要方式。它开辟了职工代表参与管理的渠道，是职工代表履行职责最直接、最有效的方式。通过这个渠道，职工代表可以充分发挥聪明才智，极大地开发其创新、创造潜能，为单位发展出谋划策。

★ 参加巡视检查工作

在职代会闭会期间，职工代表对职代会决议、决定及提案贯彻落实情况进行定期或不定期的监督检查，也是职工代表行使民主管理权利的一种重要方式。职工代表要积极参加工会组织的对职代会决定、决议贯彻落实情况的巡视检查活动。职工代表在参与巡视检查工作时，需要注意三点：①事先要充分做好准备，推动将单位生产经营管理中的重点和难点问题，以及职工群众关心的热点问题作为检查的重点，要了解和掌握巡视检查的步骤和要求；②要认真学习党和国家的有关方针政策及有关管理知识，确定和掌握巡视检查方法，统一标准；③巡视检查要本着实事求是的精神，既肯定成绩、总结经验，又找出差距、帮助改进，尤其是对存在的问题要提出具体的整改意见。

★ 参加职代会质量评估工作

职代会质量评估制度是企事业单位自我诊断职代会运行质量、促进职代会制度建设和发挥职代会实效的一项重要制度。质量评估方式主要包括组织职工代表民主测评、召开职工代表座谈会、开展职工代表个别访谈等方式。职工代表在参加职代会质量评估工作的有关活动时，要本着实事求是和稳步推进职代会制度作用发挥的原则，认真分析本单位职代会的实际情况，提出切实可行的参考意见，推动本单位职代会制度建设不断健全完善。

★ 参加日常民主管理活动

许多单位除了依法建立健全职代会制度之外，还建立了职工代表恳谈会、民主共商会、民主议事会、劳资座谈会、厂情通报会、厂长（经理）联系信箱等日常民主管理形式。因此，职工代表参与企事业单位管理的途径，除了参加职代会会议和职代会组织的各类活动外，还可通过参加各种座谈会、沟通会、对话会、质询会等形式了解单位发展要求，反映职工群众诉求，以及组织选区职工围绕单位生产管理和发展建言献策，开展合理化建议。为此，职工代表应从实际出发，采取多种方式，广泛联系群众，收集和反映职工的意见和建议，充分发挥个人的主观能动性，协助工会组织搞好活动，并协助单位行政领导解决好问题。

职工代表如何行使审议权

听取和审议各项报告是职工代表在职代会上的重要工作，是职工代表行使权利、履行职责、参与企事业单位管理的重要方法和手段。职工代表审议单位生产经营管理重大决策的方法，就是要围绕生产经营管理的重大问题，发挥聪明才智，献计献策。

★ 超前审议

即要在单位领导提出决策意向和草拟决策方案时就及时积极参与，其程序一般是由企事业单位通过厂情发布会等形式把决策意向及有关情况向职工群众、职工代表作出较为详细的说明，然后由职工代表在工会和职代会专门委员会（小组）的组织下，进行讨论和论证，并向行政领导提出决策意向的建议，帮助行政领导确定或者修正决策意向。在行政领导决策意向确定后，职工代表要源头参与行政业务部门的方案起草工作，积极反映职工的意见和建议。方案草案形成后，由工会发动和组织职工进行讨论时，职工代表要带头为行政领导修改决策草案献计献策。

★ 会前审议

即单位生产经营管理重大决策方案经班子成员讨论后，可在职代会召开前一周，把相关方案发给全体职工代表，以使每一位职工代表有充足的时间去征求职工群众的意见和进行充分地思考。同时还可通过提前召开职代会预备会议或职工代表团（组）

长会议等形式，先由单位行政领导作重大决策的报告，详细介绍涉及决策方案的有关情况，然后听取职工代表的意见。涉及单位生产经营管理的专项重大决策，应由职代会的有关专门委员会（小组）进行专题审议。

★ 会上审议

即在职代会会议期间，由单位行政领导作报告，介绍制定决策的依据和采纳职工代表的意见和建议的情况，然后由各职工代表团（组）组织职工代表进行讨论，提出进一步修改的意见和建议，最后作出相应决议。

职工代表在行使审议权时，要以高度负责的态度对待所审议的各项方案，力求做到：①要熟悉方案的内容。②事先要征求选区职工的意见。③根据选区多数职工的意见，形成对方案的判断意见。④在职代会相应会议上充分表达看法。

此外，企事业单位在重大决策过程中，职工代表还需要把握好以下几点：

（1）要加强有关生产经营和管理知识的学习，把职工民主管理同企事业单位的生产经营管理有机结合。职工代表对生产经营管理重大决策的审议，涉及多方面的经营管理知识和专业知识，因此，职工代表只有加强这方面的学习，并努力精通，才能胜任参与管理的重任。

（2）要熟悉单位情况，做到心中有数。职工代表在审议生产经营管理重大决策时，要审到点子上、议到要害处，就必须对单位有关情况有深入地了解，包括生产经营状况、技术状况、职工状况，以及生存发展的外部环境等，只有对这些情况平时就注意调查研究，做到心中有数，才能在审议时审在点子上。另外，职工代表要特别留意的是，对依法应当提交职代会审议的事项，本单位是否提交职代会审议，有无不经职代会审议而由单位行政方单方面决定侵犯职工合法权益的现象。

（3）要强化责任意识，以对职工、对单位高度负责的精神，做好对单位生产经营管理重大决策的审议工作。提倡职工代表换位思考，“假如我是单位领导，怎样使方案更加完善？”职工代表只有强化责任意识，增强使命感，努力克服与己无关的思想，才能代表职工群众行使好审议建议权，帮助企事业单位作出正确的决策。

职工代表如何行使表决权

职工代表的表决权是指其在职代会上，对提交职代会审议通过的有关事项，通过一定的表决形式，可以投赞成票、反对票或弃权票。职工代表在行使表决权时，需要注意以下几点：

★ 要认真审议需职代会表决的事项。由于职代会上表决的事项通常都是涉及职工切身利益的重大事项，是我国法律法规赋予职代会的权利，是法定程序。因此，职工代表应对提交职代会表决的事项进行认真地审议。首先，要仔细审查本单位制定的这些方案草案中的具体内容是否符合国家和地方的法律法规及有关政策，不能与之相抵触。对于集体合同草案，还要审查协商过程及协商形式是否合法。只有做到这些，才能使集体合同具有法律效力，对企业和职工都具有约束力。其次，要审查这些方案草案的内容是否充分体现了大多数职工的意愿和要求，或者尊重和接受了多数职工的意见，不能是单位行政方迫使职工接受的单边条件。当然，职工代表在审查这些方案草案时，也要正确对待和处理各种利益关系，要把职工的合理要求与单位实际的承受能力结合起来，努力实现双赢。

★ 职工代表在决定投票意见时，一定要遵照选区职工多数人的意见，而不应仅仅根据代表个人或选区职工中少数人的意见进行表决。尽管每个职工都有自己的看法或意见，职工代表作为企事业单位的一员，在参与民主管理中也完全可以有自己的利益主张和利益诉求，但作为职工代表，在投票时应当尊重和代表选区职工的整体利益行使代表权利，决不能把自己的利益主张和利益诉求凌驾于选区职工整体利益之上。

★ 投过反对票的职工代表，要理性对待职代会的表决结果与自己的意愿不一致的情形。通常来说，职工代表在职代会上对有关方案或所作的决议、决定投反对票，作为职工代表表达选区多数职工的意愿，是充分行使民主权利的表现，是正常的、合法的。但是，表决结果如大多数职工代表的意见与自己不一致时，可保留个人或选区职工的看法，但仍然需要执行大多数职工代表通过的方案或决议、决定。这是因为，我国的民主制度实行的是民主集中制和少数服从多数的原则，在这个制度下，作为职工代表享有充分的民主权利，可以按照自己所代表选区多数职工的意愿，投上庄严的一票。每个代表的义务则是按照少数服从多数的原则，执行代表多数人意愿的决议、决定，而不能因为自己的观点与多数人的观点不一致，就我行我素。因此，投过反对票的职工代表在表决结果与自己的表决意愿不一致时，应当无条件服从和执行职代会通过的表决结果，决不能把个人的表决意志凌驾于职代会决议之上。

职工代表如何做好职代会提案工作

职代会提案是指职工代表提请职代会讨论、决定、处理的方案和建议。职工代表参与提案工作，这既是职工代表行使民主权利的一种重要方式，同时也是职工代表履行职责应尽的基本义务之一。要写好一份职代会提案，需要职工代表认真做好以下几个方面的基础性工作。

★ 选好主题

职工代表要写出一份好的职代会提案，前提是要有个好的选题。选题通常有三种方式。一是自上而下式。这主要是指从单位要求或倡导做的工作方面选题。二是自下而上式。即从身边职工群众关心的热点问题入手，加以提炼。三是横向移植式。即借鉴其他单位好的经验，而本单位又可以参照推行的做法。具体来说，职工代表做选题时应注意以下几个方面。

（1）围绕中心工作，反映大事。要围绕单位的中心工作及重大问题，职工群众普遍关心、重视、有意见或反映强烈而单位还未注意到的问题，或单位正急于寻找出路和办法的问题，而不是仅局限在一些小的、枝节的问题上或反映鸡毛蒜皮的小事。

（2）结合本职工作。俗话说“隔行如隔山”。提案最好在自己熟悉的领域去选题，如可重点结合自己的专业或所从事的工作岗位，查找工作中存在的问题，并提出相应的建议。不熟悉的领域不是不可以提，但有一定的难度或局限。只有选择那些自己熟悉的、信息资料数据相对完备的题目内容，并结合自己的切身体会来写，才能撰写出具有较高质量的提案。

（3）找准切入点。在选题过程中，既要找重心，又要善于发现“薄弱点”。对有些需要多部门统一协调解决，政策落实还没有完全到位，以及职工群众反映强烈需要立即解决的问题等，要从宏观方面着眼，从微观方面入手，选好角度，找准切入点，进行认真研究，找出原因，提出建议。比如建立薪资福利构成查询系统，改进生产管理流程、改善食堂伙食、加强技能培训等，都可以作为提案的内容，关键在于职工代表用心去发现和总结。

总之，选题无处不在，关键在于发现。职工代表要做善于观察和发现问题的有心人，提案的选题产生于日常工作和生活中的，而不是到了职代会召开之前再刻意寻找。比如，有时候单位同事聚在一块谈起对单位某些制度有想法，或是觉得什么方面做得不到位，作为职工代表，就要做到听者有意，仔细分析这些问题是不是真的存在，是不是影响到单位的发展和职工工作的积极性。当然，提案的选题还可以来源于工会组织的职工代表巡视检查，以及职工代表监督职代会决议、集体合同落实的过程中发现的一些问题，以及舆情民意，等等。

★ 开展调查研究

一项好的提案往往来自大量的调查研究，具有翔实的数据、大量的说理和好的举措建议。因此，做好提案的调研工作，是保证提案质量的关键。职工代表要采用合适的方法来了解情况、把握问题。提案是要提出问题并解决问题的，提案产生过程中的调查研究有别于一般的调查研究，其特点是针对性强。只有深入调查研究，掌握第一手资料，才能使提案言之有据、客观真实，并做到言之有理。

在选好提案的题目后，职工代表就要深入实际进行调研，从中掌握第一手资料。同时，要尽可能地收集与选题相关的内容与信息，进行分类整理。调研中要注重了解全面情况，既要了解好的一面，又要了解差的一面；既要向有关部门了解问题，又要倾听职工的意见和要求，有时候还要注意倾听专家的意见，更好地把握材料的准确性，得出的结论要经得起推敲。

在提案中，千万不能出现“听说”“据反映”之类的话。如果不做任何调查研究，没有任何准备，临时上阵，一拍脑袋“信手拈来”的“即兴之作”，不可能提出解决问题的措施。即使提了，也不可能提到点子上，或缺乏可操作性。

★ 集思广益深入分析

职工代表在参与提案工作时，一定要听取各方面的意见和建议，避免片面，避免闭门造车，否则写出来的提案很难体现客观实际和职工意愿。与此同时，要有团队精神，一定要杜绝个人主义。提案人和附议人要通力合作，发挥集体的智慧和力量，针对选题进行深入地分析思考，提出切实可行的解决办法。

通常来说，一份好的提案必须做到有情况、有分析、有具体的建议。选题和调查分析是提案的基础，提案质量能不能上一个层次的关键还要看对策和建议写得怎么样，它是整个提案的点睛之笔，集中反映提案的目的、愿望和要求。要提出可操作性的对策建议，需要提案人和附议人共同讨论，发挥集体智慧的力量。一般来说，经过认真调研，反复思考后提出的提案，其建议部分通常针对性强，便于承办单位操作。但是，如果提案人对自己的建议、要求表述不清或不够明确，含含糊糊，或要求不够合理，或可行性差，必将造成承办单位难以办理，无法有针对性地作出答复，即使论据充分，也势必降低提案的价值，很难收到预期效果。

★ 规范撰写提案

一条完整的提案应包括案由、整改办法或措施、提案人及附议人、提案日期等基本要素。案由是指提案的题目，即要求提案人用简明的文字说明提案要求解决什么问题，案由和提案内容要一致。提案人是指提出提案的职工代表姓名。一般每个提案都要有一名提案人和两名以上的附议人。联名提案时，发起人应当作为第一提案人。提案内容通常包括两部分：一是事由及政策依据。它是提案的核心部分，要有情况、有分析，实事求是，简明扼要，切忌笼统、空泛。二是建议及解决措施。针对案由反映的问题，提出自己对解决问题的主张和办法。提案要一事一案，切忌在一个提案表上出现几件事情，否则不仅问题讲不清，而且无法确定承办单位。在内容上，提案要体现系统性、完整性的见解。尤其需要注意的是，提案不是提意见，切不可只讲问题、现象、表现，不讲对策、措施和建议，提案的宗旨是需要职工代表抱着主人翁的态度发现问题，提出对策，为单位领导改进生产经营和管理出谋划策。

职工代表在履职中需要注意的问题

★ 实事求是

职工代表在参加企事业单位民主管理的各项活动中，要牢记自己是职工群众的代表，是在代表职工群众行使民主管理的权利，自己的一言一行要对职工群众负责，不能以个人意见和见解来代替职工群众的意见。因此，要如实地、尽量全面地表达和反映职工群众的意见和要求，坚持以事实为根据来说话。在表决时，以自己所代表的选区职工多数人的意见为准，不要盲目随波逐流，也不应害怕别人议论，要敢于表达自己的意见。在宣传职代会的决定和精神时，要如实地传达职代会的决议和决定，力求做到传达不走样、不遗漏主要精神。要正确认识个人意见、部门意见与职代会决定的关系，注意不能因为个人意见、部门意见没有被采纳，就进行片面地宣传和解释。

★ 勇于代言

职工代表作为职工群众的代言人，在参加各项活动时，要对职工群众负责，要敢于表达和反映职工群众的意见和要求。在重大原则问题上要出于公心，敢于坚持真理，坚持正义，敢于代表群众说话，不怕打击报复，不怕挫折，不计较个人得失。特别是遇到企业改制、改组、薪酬制度变化、裁员等涉及职工切身利益的重大事项时，要反映职工群众的真实想法和诉求，及时把职工群众的意见、愿望和需求传达给企事业单位领导和有关部门，充分发挥职工代表在关键时刻的重要作用。

★ 联系职工

职工代表是职工群众中的一员，必须同群众保持密切的联系，取得群众的信任和支持，从职工群众中得到智慧和力量。如果脱离选区职工群众，听不到职工群众的呼声，不掌握真实的情况，就不可能发挥职工代表应有的作用。职工代表要保持同选区职工群众的密切联系，一要以身作则，在工作、生活、学习等方面为大家作出榜样，得到职工群众的信任和尊重。二要同职工群众讲真话，只有自己同群众推心置腹，才能让人把心里话亮出来，从而了解真实的情况。因而要与职工群众交朋友，尤其是要认真倾听职工群众的呼声。三要广泛地接触职工群众，不管是工作先进者还是中间者、落后者，职工代表都要接触，要团结大多数，不能只从个人感情和兴趣出发，同少数人联系，更不能拉帮结伙，漠视大多数人的利益。对于职工群众反映的问题，要在调查了解的基础上，仔细把握职工群众反映问题的动机，哪些是合理的，哪些是不合理的，在此基础上，将该反映的问题向相关部门反映。对于职工群众提出的不正确意见，也要坚持说服教育的方法，通过摆事实讲道理，向职工群众做好耐心细致的解释工作。四要热心为职工群众办实事，做职工群众的贴心人，想职工群众之所想，急职工群众之所急，主动帮助职工群众解决在工作、生活和学习中遇到的问题。

★ 讲求方法

职工代表要在参与决策和管理中发挥更大的作用，就必须注意工作方法，并全面周到地考虑问题。一是要正确把握工作的轻重缓急，注意处理好眼前利益和长远发展的关系。既要注意解决职工群众的生活福利问题，又要注意单位生产经营和长期发展问题。职工的生活福利问题固然不容忽视，但是不能只注意这一个方面，而要以更多的精力来思考、研究所在单位的生产经营和管理方面存在的问题，要善于找出生产经营和管理中的薄弱环节，积极提出建议加以解决，毕竟单位的长期良好发展是职工群众利益的根本保障。二是要注意变被动参与为主动参与。职工代表的高度负责精神，充分体现在职工代表的自觉性和主动性上。职工代表不是行政职务，没有太多的实际利益，更多的体现是为职工群众服务，因此，养成自觉主动的服务精神更加可贵。职工代表要在参加单位各项民主管理活动中勤于动脑，注意观察，积极主动地发表意见、提出建议。三是要注意调查研究。职工代表在参与管理的过程中，要使自己的意见、建议能够“参”到点子上，得到大多数职工代表的认可和采纳，必须对所反映问题的实际有全面的、正确的认识，能够抓住问题要害并提出科学的解决办法。而要做到这一点，就必须深入调查研究，尽可能地全面了解情况，并对了解和掌握的情况，认真进行深入地分析思考，从而作出正确的判断，这样反映问题才能有理有据。

★ 服从大局

作为职工代表，首先要以国家利益为重，在企事业单位内部，也有局部利益与全局利益的矛盾，局部利益要服从全局利益。由于每个职工代表是由各选区职工选举出来的，当然要如实反映和代表本选区职工的意见。但职代会作出决议以后，不论是否符合本选区职工的意愿和要求，都应积极拥护和认真贯彻执行，不能采取任何消极态度，这是作为职工代表必须具备的品质和必须遵守的纪律。

此外，由于职工代表的活动必须按照职代会的统一部署、确定的规范和程序进行，为此，职工代表应努力做到：妥善安排好自己的工作，尽量做到在参加大会期间，生产工作不受影响；要了解掌握职代会行使各项职权的程序、规范，以便正确有效地行使职权；树立整体观念，加强组织纪律性，不能因为某个程序与己无关或不感兴趣而中断参加活动。

中华人民共和国工会法

（1992年4月3日第七届全国人民代表大会第五次会议通过　根据2001年10月27日第九届全国人民代表大会常务委员会第二十四次会议《关于修改〈中华人民共和国工会法〉的决定》第一次修正　根据2009年8月27日第十一届全国人民代表大会常务委员会第十次会议《关于修改部分法律的决定》第二次修正）

第一章　总　则

第一条　为保障工会在国家政治、经济和社会生活中的地位，确定工会的权利与义务，发挥工会在社会主义现代化建设事业中的作用，根据宪法，制定本法。

第二条　工会是职工自愿结合的工人阶级的群众组织。

中华全国总工会及其各工会组织代表职工的利益，依法维护职工的合法权益。

第三条　在中国境内的企业、事业单位、机关中以工资收入为主要生活来源的体力劳动者和脑力劳动者，不分民族、种族、性别、职业、宗教信仰、教育程度，都有依法参加和组织工会的权利。任何组织和个人不得阻挠和限制。

第四条　工会必须遵守和维护宪法，以宪法为根本的活动准则，以经济建设为中心，坚持社会主义道路、坚持人民民主专政、坚持中国共产党的领导、坚持马克思列宁主义毛泽东思想邓小平理论，坚持改革开放，依照工会章程独立自主地开展工作。

工会会员全国代表大会制定或者修改《中国工会章程》，章程不得与宪法和法律相抵触。

国家保护工会的合法权益不受侵犯。

第五条　工会组织和教育职工依照宪法和法律的规定行使民主权利，发挥国家主人翁的作用，通过各种途径和形式，参与管理国家事务、管理经济和文化事业、管理社会事务；协助人民政府开展工作，维护工人阶级领导的、以工农联盟为基础的人民民主专政的社会主义国家政权。

第六条　维护职工合法权益是工会的基本职责。工会在维护全国人民总体利益的同时，代表和维护职工的合法权益。

工会通过平等协商和集体合同制度，协调劳动关系，维护企业职工劳动权益。

工会依照法律规定通过职工代表大会或者其他形式，组织职工参与本单位的民主决策、民主管理和民主监督。

工会必须密切联系职工，听取和反映职工的意见和要求，关心职工的生活，帮助职工解决困难，全心全意为职工服务。

第七条　工会动员和组织职工积极参加经济建设，努力完成生产任务和工作任务。教育职工不断提高思想道德、技术业务和科学文化素质，建设有理想、有道德、有文化、有纪律的职工队伍。

第八条　中华全国总工会根据独立、平等、互相尊重、互不干涉内部事务的原则，加强同各国工会组织的友好合作关系。

第二章　工会组织

第九条　工会各级组织按照民主集中制原则建立。

各级工会委员会由会员大会或者会员代表大会民主选举产生。企业主要负责人的近亲属不得作为本企业基层工会委员会成员的人选。

各级工会委员会向同级会员大会或者会员代表大会负责并报告工作，接受其监督。

工会会员大会或者会员代表大会有权撤换或者罢免其所选举的代表或者工会委员会组成人员。

上级工会组织领导下级工会组织。

第十条 企业、事业单位、机关有会员二十五人以上的，应当建立基层工会委员会；不足二十五人的，可以单独建立基层工会委员会，也可以由两个以上单位的会员联合建立基层工会委员会，也可以选举组织员一人，组织会员开展活动。女职工人数较多的，可以建立工会女职工委员会，在同级工会领导下开展工作；女职工人数较少的，可以在工会委员会中设女职工委员。

企业职工较多的乡镇、城市街道，可以建立基层工会的联合会。

县级以上地方建立地方各级总工会。

同一行业或者性质相近的几个行业，可以根据需要建立全国的或者地方的产业工会。

全国建立统一的中华全国总工会。

第十一条 基层工会、地方各级总工会、全国或者地方产业工会组织的建立，必须报上一级工会批准。

上级工会可以派员帮助和指导企业职工组建工会，任何单位和个人不得阻挠。

第十二条 任何组织和个人不得随意撤销、合并工会组织。

基层工会所在的企业终止或者所在的事业单位、机关被撤销，该工会组织相应撤销，并报告上一级工会。

依前款规定被撤销的工会，其会员的会籍可以继续保留，具体管理办法由中华全国总工会制定。

第十三条 职工二百人以上的企业、事业单位的工会，可以设专职工会主席。工会专职工作人员的人数由工会与企业、事业单位协商确定。

第十四条 中华全国总工会、地方总工会、产业工会具有社会团体法人资格。

基层工会组织具备民法通则规定的法人条件的，依法取得社会团体法人资格。

第十五条 基层工会委员会每届任期三年或者五年。各级地方总工会委员会和产业工会委员会每届任期五年。

第十六条 基层工会委员会定期召开会员大会或者会员代表大会，讨论决定工会工作的重大问题。经基层工会委员会或者三分之一以上的工会会员提议，可以临时召开会员大会或者会员代表大会。

第十七条 工会主席、副主席任期未满时，不得随意调动其工作。因工作需要调动时，应当征得本级工会委员会和上一级工会的同意。

罢免工会主席、副主席必须召开会员大会或者会员代表大会讨论，非经会员大会全体会员或者会员代表大会全体代表过半数通过，不得罢免。

第十八条 基层工会专职主席、副主席或者委员自任职之日起，其劳动合同期限自动延长，延长期限相当于其任职期间；非专职主席、副主席或者委员自任职之日起，其尚未履行的劳动合同期限短于任期的，劳动合同期限自动延长至任期期满。但是，任职期间个人严重过失或者达到法定退休年龄的除外。

第三章　工会的权利和义务

第十九条　企业、事业单位违反职工代表大会制度和其他民主管理制度，工会有权要求纠正，保障职工依法行使民主管理的权利。

法律、法规规定应当提交职工大会或者职工代表大会审议、通过、决定的事项，企业、事业单位应当依法办理。

第二十条　工会帮助、指导职工与企业以及实行企业化管理的事业单位签订劳动合同。

工会代表职工与企业以及实行企业化管理的事业单位进行平等协商，签订集体合同。集体合同草案应当提交职工代表大会或者全体职工讨论通过。

工会签订集体合同，上级工会应当给予支持和帮助。企业违反集体合同，侵犯职工劳动权益的，工会可以依法要求企业承担责任；因履行集体合同发生争议，经协商解决不成的，工会可以向劳动争议仲裁机构提请仲裁，仲裁机构不予受理或者对仲裁裁决不服的，可以向人民法院提起诉讼。

第二十一条　企业、事业单位处分职工，工会认为不适当的，有权提出意见。

企业单方面解除职工劳动合同时，应当事先将理由通知工会，工会认为企业违反法律、法规和有关合同，要求重新研究处理时，企业应当研究工会的意见，并将处理结果书面通知工会。

职工认为企业侵犯其劳动权益而申请劳动争议仲裁或者向人民法院提起诉讼的，工会应当给予支持和帮助。

第二十二条　企业、事业单位违反劳动法律、法规规定，有下列侵犯职工劳动权益情形，工会应当代表职工与企业、事业单位交涉，要求企业、事业单位采取措施予以改正；企业、事业单位应当予以研究处理，并向工会作出答复；企业、事业单位拒不改正的，工会可以请求当地人民政府依法作出处理：

（一）克扣职工工资的；

（二）不提供劳动安全卫生条件的；

（三）随意延长劳动时间的；

（四）侵犯女职工和未成年工特殊权益的；

（五）其他严重侵犯职工劳动权益的。

第二十三条 工会依照国家规定对新建、扩建企业和技术改造工程中的劳动条件和安全卫生设施与主体工程同时设计、同时施工、同时投产使用进行监督。对工会提出的意见，企业或者主管部门应当认真处理，并将处理结果书面通知工会。

第二十四条 工会发现企业违章指挥、强令工人冒险作业，或者生产过程中发现明显重大事故隐患和职业危害，有权提出解决的建议，企业应当及时研究答复；发现危及职工生命安全的情况时，工会有权向企业建议组织职工撤离危险现场，企业必须及时作出处理决定。

第二十五条 工会有权对企业、事业单位侵犯职工合法权益的问题进行调查，有关单位应当予以协助。

第二十六条 职工因工伤亡事故和其他严重危害职工健康问题的调查处理，必须有工会参加。工会应当向有关部门提出处理意见，并有权要求追究直接负责的主管人员和有关责任人员的责任。对工会提出的意见，应当及时研究，给予答复。

第二十七条 企业、事业单位发生停工、怠工事件，工会应当代表职工同企业、事业单位或者有关方面协商，反映职工的意见和要求并提出解决意见。对于职工的合理要求，企业、事业单位应当予以解决。工会协助企业、事业单位做好工作，尽快恢复生产、工作秩序。

第二十八条　工会参加企业的劳动争议调解工作。

地方劳动争议仲裁组织应当有同级工会代表参加。

第二十九条　县级以上各级总工会可以为所属工会和职工提供法律服务。

第三十条　工会协助企业、事业单位、机关办好职工集体福利事业，做好工资、劳动安全卫生和社会保险工作。

第三十一条　工会会同企业、事业单位教育职工以国家主人翁态度对待劳动，爱护国家和企业的财产，组织职工开展群众性的合理化建议、技术革新活动，进行业余文化技术学习和职工培训，组织职工开展文娱、体育活动。

第三十二条　根据政府委托，工会与有关部门共同做好劳动模范和先进生产（工作）者的评选、表彰、培养和管理工作。

第三十三条　国家机关在组织起草或者修改直接涉及职工切身利益的法律、法规、规章时，应当听取工会意见。

县级以上各级人民政府制订国民经济和社会发展计划，对涉及职工利益的重大问题，应当听取同级工会的意见。

县级以上各级人民政府及其有关部门研究制定劳动就业、工资、劳动安全卫生、社会保险等涉及职工切身利益的政策、措施时，应当吸收同级工会参加研究，听取工会意见。

第三十四条　县级以上地方各级人民政府可以召开会议或者采取适当方式，向同级工会通报政府的重要的工作部署和与工会工作有关的行政措施，研究解决工会反映的职工群众的意见和要求。

各级人民政府劳动行政部门应当会同同级工会和企业方面代

表，建立劳动关系三方协商机制，共同研究解决劳动关系方面的重大问题。

第四章　基层工会组织

第三十五条　国有企业职工代表大会是企业实行民主管理的基本形式，是职工行使民主管理权力的机构，依照法律规定行使职权。

国有企业的工会委员会是职工代表大会的工作机构，负责职工代表大会的日常工作，检查、督促职工代表大会决议的执行。

第三十六条　集体企业的工会委员会，应当支持和组织职工参加民主管理和民主监督，维护职工选举和罢免管理人员、决定经营管理的重大问题的权力。

第三十七条　本法第三十五条、第三十六条规定以外的其他企业、事业单位的工会委员会，依照法律规定组织职工采取与企业、事业单位相适应的形式，参与企业、事业单位民主管理。

第三十八条　企业、事业单位研究经营管理和发展的重大问题应当听取工会的意见；召开讨论有关工资、福利、劳动安全卫生、社会保险等涉及职工切身利益的会议，必须有工会代表参加。

企业、事业单位应当支持工会依法开展工作，工会应当支持企业、事业单位依法行使经营管理权。

第三十九条　公司的董事会、监事会中职工代表的产生，依照公司法有关规定执行。

第四十条　基层工会委员会召开会议或者组织职工活动，应当在生产或者工作时间以外进行，需要占用生产或者工作时间的，应当事先征得企业、事业单位的同意。

基层工会的非专职委员占用生产或者工作时间参加会议或者从事工会工作，每月不超过三个工作日，其工资照发，其他待遇不受影响。

第四十一条　企业、事业单位、机关工会委员会的专职工作人员的工资、奖励、补贴，由所在单位支付。社会保险和其他福利待遇等，享受本单位职工同等待遇。

第五章　工会的经费和财产

第四十二条　工会经费的来源：

（一）工会会员缴纳的会费；

（二）建立工会组织的企业、事业单位、机关按每月全部职工工资总额的百分之二向工会拨缴的经费；

（三）工会所属的企业、事业单位上缴的收入；

（四）人民政府的补助；

（五）其他收入。

前款第二项规定的企业、事业单位拨缴的经费在税前列支。

工会经费主要用于为职工服务和工会活动。经费使用的具体办法由中华全国总工会制定。

第四十三条　企业、事业单位无正当理由拖延或者拒不拨缴工会经费，基层工会或者上级工会可以向当地人民法院申请支付令；拒不执行支付令的，工会可以依法申请人民法院强制执行。

第四十四条　工会应当根据经费独立原则，建立预算、决算和经费审查监督制度。

各级工会建立经费审查委员会。

各级工会经费收支情况应当由同级工会经费审查委员会审查，并且定期向会员大会或者会员代表大会报告，接受监督。工会会员大会或者会员代表大会有权对经费使用情况提出意见。

工会经费的使用应当依法接受国家的监督。

第四十五条 各级人民政府和企业、事业单位、机关应当为工会办公和开展活动，提供必要的设施和活动场所等物质条件。

第四十六条 工会的财产、经费和国家拨给工会使用的不动产，任何组织和个人不得侵占、挪用和任意调拨。

第四十七条 工会所属的为职工服务的企业、事业单位，其隶属关系不得随意改变。

第四十八条 县级以上各级工会的离休、退休人员的待遇，与国家机关工作人员同等对待。

第六章 法律责任

第四十九条 工会对违反本法规定侵犯其合法权益的，有权提请人民政府或者有关部门予以处理，或者向人民法院提起诉讼。

第五十条 违反本法第三条、第十一条规定，阻挠职工依法参加和组织工会或者阻挠上级工会帮助、指导职工筹建工会的，由劳动行政部门责令其改正；拒不改正的，由劳动行政部门提请县级以上人民政府处理；以暴力、威胁等手段阻挠造成严重后果，构成犯罪的，依法追究刑事责任。

第五十一条 违反本法规定，对依法履行职责的工会工作人员无正当理由调动工作岗位，进行打击报复的，由劳动行政部门责令改正、恢复原工作；造成损失的，给予赔偿。

对依法履行职责的工会工作人员进行侮辱、诽谤或者进行人身伤害，构成犯罪的，依法追究刑事责任；尚未构成犯罪的，由公安机关依照治安管理处罚法的规定处罚。

第五十二条 违反本法规定，有下列情形之一的，由劳动行政部门责令恢复其工作，并补发被解除劳动合同期间应得的报酬，或者责令给予本人年收入二倍的赔偿：

（一）职工因参加工会活动而被解除劳动合同的；

（二）工会工作人员因履行本法规定的职责而被解除劳动合同的。

第五十三条 违反本法规定，有下列情形之一的，由县级以上人民政府责令改正，依法处理：

（一）妨碍工会组织职工通过职工代表大会和其他形式依法行使民主权利的；

（二）非法撤销、合并工会组织的；

（三）妨碍工会参加职工因工伤亡事故以及其他侵犯职工合法权益问题的调查处理的；

（四）无正当理由拒绝进行平等协商的。

第五十四条 违反本法第四十六条规定，侵占工会经费和财产拒不返还的，工会可以向人民法院提起诉讼，要求返还，并赔偿损失。

第五十五条 工会工作人员违反本法规定，损害职工或者工会权益的，由同级工会或者上级工会责令改正，或者予以处分；情节严重的，依照《中国工会章程》予以罢免；造成损失的，应当承担赔偿责任；构成犯罪的，依法追究刑事责任。

第七章　附　则

第五十六条　中华全国总工会会同有关国家机关制定机关工会实施本法的具体办法。

第五十七条　本法自公布之日起施行。1950 年 6 月 29 日中央人民政府颁布的《中华人民共和国工会法》同时废止。

企业民主管理规定

（2012 年 2 月 13 日 总工发〔2012〕12 号）

第一章 总 则

第一条 为完善以职工代表大会为基本形式的企业民主管理制度，推进厂务公开，支持职工参与企业管理，维护职工合法权益，构建和谐劳动关系，促进企业持续健康发展，加强基层民主政治建设，依据宪法和相关法律制定本规定。

第二条 企业民主管理工作应当坚持党的领导，以邓小平理论和“三个代表”重要思想为指导，深入贯彻落实科学发展观，坚定不移地贯彻落实党的全心全意依靠工人阶级的根本指导方针。

企业党组织应当加强对民主管理工作的领导和支持。

第三条 职工代表大会（或职工大会，下同）是职工行使民主管理权力的机构，是企业民主管理的基本形式。

企业应当按照合法、有序、公开、公正的原则，建立以职工代表大会为基本形式的民主管理制度，实行厂务公开，推行民主管理。公司制企业（以下简称公司）应当依法建立职工董事、职工监事制度。

企业应当尊重和保障职工依法享有的知情权、参与权、表达权和监督权等民主权利，支持职工参加企业管理活动。

第四条 企业职工应当尊重和支持企业依法行使管理职权，积极参与企业管理。

第五条 企业工会应当组织职工依法开展企业民主管理，维护职工合法权益。

上级工会应当指导和帮助企业工会和职工依法开展企业民主管理活动，对企业实行民主管理的情况进行监督。

第六条 企业代表组织应当推动企业实行民主管理，促进企业健康发展。

第七条 各级党委纪检部门、组织部门，各级人民政府国有资产监督管理机构和监察机关等有关部门应当依照各自职责，对企业民主管理工作进行指导、检查和监督。

第二章　职工代表大会制度

第一节　职工代表大会组织制度和职权

第八条 企业可以根据职工人数确定召开职工代表大会或者职工大会。

企业召开职工代表大会的，职工代表人数按照不少于全体职工人数的百分之五确定，最少不少于三十人。职工代表人数超过一百人的，超出的代表人数可以由企业与工会协商确定。

第九条 职工代表大会的代表由工人、技术人员、管理人员、企业领导人员和其他方面的职工组成。其中，企业中层以上管理人员和领导人员一般不得超过职工代表总人数的百分之二十。有女职工和劳务派遣职工的企业，职工代表中应当有适当比例的女职工和劳务派遣职工代表。

第十条 职工代表大会每届任期为三年至五年。具体任期由职工代表大会根据本单位的实际情况确定。

职工代表大会因故需要提前或者延期换届的，应当由职工代表大会或者其授权的机构决定。

第十一条　职工代表大会根据需要，可以设立若干专门委员会（小组），负责办理职工代表大会交办的事项。专门委员会（小组）成员人选必须经职工代表大会审议通过。

第十二条　职工代表按照基层选举单位组成代表团（组），并推选团（组）长。可以设立职工代表大会团（组）长和专门委员会（小组）负责人联席会议，根据职工代表大会授权，在职工代表大会闭会期间负责处理临时需要解决的重要问题，并提请下一次职工代表大会确认。

联席会议由企业工会负责召集，联席会议可以根据会议内容邀请企业领导人员或其他有关人员参加。

第十三条　职工代表大会行使下列职权：

（一）听取企业主要负责人关于企业发展规划、年度生产经营管理情况，企业改革和制定重要规章制度情况，企业用工、劳动合同和集体合同签订履行情况，企业安全生产情况，企业缴纳社会保险费和住房公积金情况等报告，提出意见和建议；

审议企业制定、修改或者决定的有关劳动报酬、工作时间、休息休假、劳动安全卫生、保险福利、职工培训、劳动纪律以及劳动定额管理等直接涉及劳动者切身利益的规章制度或者重大事项方案，提出意见和建议；

（二）审议通过集体合同草案，按照国家有关规定提取的职工福利基金使用方案、住房公积金和社会保险费缴纳比例和时间的调整方案，劳动模范的推荐人选等重大事项；

（三）选举或者罢免职工董事、职工监事，选举依法进入破产程序企业的债权人会议和债权人委员会中的职工代表，根据授权推荐或者选举企业经营管理人员；

（四）审查监督企业执行劳动法律法规和劳动规章制度情况，民主评议企业领导人员，并提出奖惩建议；

（五）法律法规规定的其他职权。

第十四条 国有企业和国有控股企业职工代表大会除按第十三条规定行使职权外，行使下列职权：

（一）听取和审议企业经营管理主要负责人关于企业投资和重大技术改造、财务预决算、企业业务招待费使用等情况的报告，专业技术职称的评聘、企业公积金的使用、企业的改制等方案，并提出意见和建议；

（二）审议通过企业合并、分立、改制、解散、破产实施方案中职工的裁减、分流和安置方案；

（三）依照法律、行政法规、行政规章规定的其他职权。

第十五条 县级以下一定区域内或者性质相近的行业内的若干尚不具备单独建立职工代表大会制度条件的中小企业，可以通过选举代表联合建立区域（行业）职工代表大会制度，开展企业民主管理活动。

工会负责组织建立区域（行业）职工代表大会制度。区域（行业）工会作为区域（行业）职工代表大会的工作机构承担日常工作。

第十六条 集团企业的总部机关和各分公司、分厂、车间以及其他分支机构可以按照一定比例选举产生职工代表，召开集团企业职工代表大会，实行企业民主管理。

集团企业的总部机关和各分公司、分厂、车间以及其他分支机构，按照本规定建立职工代表大会制度，在各自的职权范围内分别开展民主管理活动。

第二节 职工代表大会工作制度

第十七条 职工代表大会每年至少召开一次。职工代表大会全体会议必须有三分之二以上的职工代表出席。

第十八条 职工代表大会议题和议案应当由企业工会听取职工意见后与企业协商确定，并在会议召开七日前以书面形式送达职工代表。

第十九条 职工代表大会可以设主席团主持会议。主席团成员由企业工会与职工代表大会各团（组）协商提出候选人名单，经职工代表大会预备会议表决通过。其中，工人、技术人员、管理人员不少于百分之五十。

第二十条 职工代表大会选举和表决相关事项，必须按照少数服从多数的原则，经全体职工代表的过半数通过。对重要事项的表决，应当采用无记名投票的方式分项表决。

第二十一条 职工代表大会在其职权范围内依法审议通过的决议和事项具有约束力，非经职工代表大会同意不得变更或撤销。

企业应当提请职工代表大会审议、通过、决定的事项，未按照法定程序审议、通过或者决定的无效。

第二十二条 企业工会委员会是职工代表大会的工作机构，负责职工代表大会的日常工作，履行下列职责：

（一）提出职工代表大会代表选举方案，组织职工选举职工代表和代表团（组）长；

（二）征集职工代表提案，提出职工代表大会议题的建议；

（三）负责职工代表大会会议的筹备和组织工作，提出职工代表大会的议程建议；

（四）提出职工代表大会主席团组成方案和组成人员建议名单；提出专门委员会（小组）的设立方案和组成人员建议名单；

（五）向职工代表大会报告职工代表大会决议的执行情况和职工代表大会提案的办理情况、厂务公开的实行情况等；

（六）在职工代表大会闭会期间，负责组织专门委员会（小组）和职工代表就企业职工代表大会决议的执行情况和职工代表大会提案的办理情况、厂务公开的实行情况等，开展巡视、检查、质询等监督活动；

（七）受理职工代表的申诉和建议，维护职工代表的合法权益；

（八）向职工进行民主管理的宣传教育，组织职工代表开展学习和培训，提高职工代表素质；

（九）建立和管理职工代表大会工作档案。

第三节　职工代表的产生和权利义务

第二十三条　与企业签订劳动合同建立劳动关系以及与企业存在事实劳动关系的职工，有选举和被选举为职工代表大会代表的权利。

依法终止或者解除劳动关系的职工代表，其代表资格自行终止。

第二十四条　职工代表应当以班组、工段、车间、科室等为基本选举单位由职工直接选举产生。规模较大、管理层次较多的企业的职工代表，可以由下一级职工代表大会代表选举产生。

第二十五条　选举、罢免职工代表，应当召开选举单位全体职工会议，会议应有三分之二以上职工参加。选举、罢免职工代表的决定，应经全体职工的过半数通过方为有效。

第二十六条　职工代表实行常任制，职工代表任期与职工代表大会届期一致，可以连选连任。

职工代表出现缺额时，原选举单位应按规定的条件和程序及时补选。

第二十七条　职工代表向选举单位的职工负责并报告工作，接受选举单位职工的监督。

第二十八条　职工代表享有下列权利：

（一）选举权、被选举权和表决权；

（二）参加职工代表大会及其工作机构组织的民主管理活动；

（三）对企业领导人员进行评议和质询；

（四）在职工代表大会闭会期间对企业执行职工代表大会决议情况进行监督、检查。

第二十九条　职工代表应当履行下列义务：

（一）遵守法律法规、企业规章制度，提高自身素质，积极参与企业民主管理；

（二）依法履行职工代表职责，听取职工对企业生产经营管理等方面的意见和建议，以及涉及职工切身利益问题的意见和要求，并客观真实地向企业反映；

（三）参加企业职工代表大会组织的各项活动，执行职工代表大会通过的决议，完成职工代表大会交办的工作；

（四）向选举单位的职工报告参加职工代表大会活动和履行职责情况，接受职工的评议和监督；

（五）保守企业的商业秘密和与知识产权相关的保密事项。

第三十条　职工代表履行职责受法律保护，任何组织和个人不得阻挠和打击报复。

职工代表在法定工作时间内依法参加职工代表大会及其组织的各项活动，企业应当正常支付劳动报酬，不得降低其工资和其他福利待遇。

第三章　厂务公开制度

第三十一条　企业应当建立和实行厂务公开制度，通过职工代表大会和其他形式，将企业生产经营管理的重大事项、涉及职工切身利益的规章制度和经营管理人员廉洁从业相关情况，按照一定程序向职工公开，听取职工意见，接受职工监督。

第三十二条　企业主要负责人是实行厂务公开的责任人。企业应当建立相应机构或者确定专人负责厂务公开工作。

第三十三条　企业实行厂务公开应当遵循合法、及时、真实、有利于职工权益维护和企业发展的原则。

实行厂务公开应当保守企业商业秘密以及与知识产权相关的保密事项。

第三十四条　企业应当向职工公开下列事项：

（一）经营管理的基本情况；

（二）招用职工及签订劳动合同的情况；

（三）集体合同文本和劳动规章制度的内容；

（四）奖励处罚职工、单方解除劳动合同的情况以及裁员的方案和结果，评选劳动模范和优秀职工的条件、名额和结果；

（五）劳动安全卫生标准、安全事故发生情况及处理结果；

（六）社会保险以及企业年金的缴费情况；

（七）职工教育经费提取、使用和职工培训计划及执行的情况；

（八）劳动争议及处理结果情况；

（九）法律法规规定的其他事项。

第三十五条　国有企业、集体企业及其控股企业除公开第十三条、第十四条和第三十四条规定的相关事项外，还应当公开下列事项：

（一）投资和生产经营管理重大决策方案等重大事项，企业中长期发展规划；

（二）年度生产经营目标及完成情况，企业担保，大额资金使用、大额资产处置情况，工程建设项目的招投标，大宗物资采购供应，产品销售和盈亏情况，承包租赁合同履行情况，内部经济责任制落实情况，重要规章制度制定等重大事项；

（三）职工提薪晋级、工资奖金收入分配情况；专业技术职称的评聘情况；

（四）中层领导人员、重要岗位人员的选聘和任用情况，企业领导人员薪酬、职务消费和兼职情况，以及出国出境费用支出等廉洁自律规定执行情况，职工代表大会民主评议企业领导人员的结果；

（五）依照国家有关规定应当公开的其他事项。

第四章　职工董事和职工监事制度

第三十六条　公司制企业应当依法建立职工董事和职工监事制度，支持职工代表大会选举产生的职工代表作为董事会、监事会成员参与公司决策、管理和监督，代表和维护职工合法权益，促进企业健康发展。

第三十七条　公司应当依法在公司章程中明确规定职工董

事、职工监事的具体比例和人数。

第三十八条　职工董事、职工监事候选人由公司工会根据自荐、推荐情况，在充分听取职工意见的基础上提名，经职工代表大会全体代表的过半数通过方可当选，并报上一级工会组织备案。

工会主席、副主席应当作为职工董事、职工监事候选人人选。

第三十九条　公司高级管理人员和监事不得兼任职工董事；公司高级管理人员和董事不得兼任职工监事。

第四十条　职工董事、职工监事的任期与公司其他董事、监事的任期相同，可以连选连任。

第四十一条　职工董事、职工监事不履行职责或者有严重过错的，经三分之一以上的职工代表联名提议，职工代表大会全体代表的过半数通过可以罢免。

职工董事、职工监事出现空缺时，由公司工会依照本规定第三十七条的规定提出替补人选，提请职工代表大会民主选举产生。

第四十二条　职工董事依法行使下列权利：

（一）参加董事会会议，行使董事的发言权和表决权；

（二）就涉及职工切身利益的规章制度或者重大事项，提请召开董事会会议，反映职工的合理要求，维护职工合法权益；

（三）列席与其职责相关的公司行政办公会议和有关生产经营工作的重要会议；

（四）要求公司工会、公司有关部门和机构通报有关情况并提供相关资料；

（五）法律法规和公司章程规定的其他权利。

第四十三条　职工监事依法行使下列权利：

（一）参加监事会会议，行使监事的发言权和表决权；

（二）就涉及职工切身利益的规章制度或者重大事项，提议召开监事会会议；

（三）监督公司的财务情况和公司董事、高级管理人员执行公司职务的行为；监督检查公司对涉及职工切身利益的法律法规、公司规章制度贯彻执行情况；劳动合同和集体合同的履行情况；

（四）列席董事会会议，并对董事会决议事项提出质询或者建议；列席与其职责相关的公司行政办公会议和有关生产经营工作的重要会议；

（五）要求公司工会、公司有关部门和机构通报有关情况并提供相关资料；

（六）法律法规和公司章程规定的其他权利。

第四十四条 职工董事、职工监事应当履行下列义务：

（一）遵守法律法规，遵守公司章程及各项规章制度，保守公司秘密，认真履行职责；

（二）定期听取职工的意见和建议，在董事会、监事会上真实、准确、全面地反映职工的意见和建议；

（三）定期向职工代表大会述职和报告工作，执行职工代表大会的有关决议，在董事会、监事会会议上，对职工代表大会作出决议的事项，应当按照职工代表大会的相关决议发表意见，行使表决权；

（四）法律法规和公司章程规定的其他义务。

第四十五条 公司应当保障职工董事、职工监事依照法律法规和公司章程开展工作，为职工董事、职工监事履行职责提供必要的工作条件。

第四十六条　职工董事、职工监事在任职期间，除法定情形外，公司不得与其解除劳动合同。

第四十七条　职工董事、职工监事与公司的其他董事、监事享有同等的权利，承担相应的义务。

第五章　附　则

第四十八条　各地区、各有关部门和各企业根据本规定制定实施办法，推进企业民主管理工作。

第四十九条　集体企业依照《城镇集体所有制企业条例》等有关法律法规规定实行民主管理。

第五十条　本规定自发布之日起施行。

中共中央纪委　中共中央组织部

国务院国有资产监督管理委员会　监察部

中华全国总工会　中华全国工商业联合会

2012 年 2 月 13 日

工作学习记录

□主题：

□时间：　　　　　　　　　　　□地点：

□人员：

□内容：

工作学习记录

□主题：

□时间：　　　　　　　　□地点：

□人员：

□内容：

工作学习记录

☐主题：

☐时间：　　　　　　　　　☐地点：

☐人员：

☐内容：

工作学习记录

□主题：

□时间：　　　　　　　　　　□地点：

□人员：

□内容：

工作学习记录

☐主题:

☐时间: ☐地点:

☐人员:

☐内容:

学习培训记录

☐主题:

☐时间:　　☐地点:　　☐主讲人:

☐主要内容:

☐心得体会:

学习培训记录

☐主题：

☐时间：　　☐地点：　　☐主讲人：

☐主要内容：

☐心得体会：

学习培训记录

☐主题：

☐时间：　　　　☐地点：　　　　☐主讲人：

☐主要内容：

☐心得体会：

学习培训记录

□主题：

□时间：　　□地点：　　□主讲人：

□主要内容：

□心得体会：

学习培训记录

☐主题：

☐时间：　　☐地点：　　☐主讲人：

☐主要内容：

☐心得体会：

日	一	二	三	四	五	六

Memo No. ________
Date / /

日	一	二	三	四	五	六

Memo No. ____________
Date / /

日	一	二	三	四	五	六

Memo No. ______

Date / /

日	一	二	三	四	五	六

Memo No.
Date / /

日	一	二	三	四	五	六

Memo No.
Date / /

日	一	二	三	四	五	六

Memo No.
Date / /

日	一	二	三	四	五	六

Memo No. ________

Date / /

日	一	二	三	四	五	六

Memo No. ____________

Date   /   /

日	一	二	三	四	五	六

Memo No. ______
Date / /

日	一	二	三	四	五	六

Memo No.
Date / /

日	一	二	三	四	五	六

Memo No.

Date / /

日	一	二	三	四	五	六

Memo No.

Date / /

日	一	二	三	四	五	六

Memo No. ____________

Date　　/　　/

日	一	二	三	四	五	六

Memo No. ____________
Date / /

日	一	二	三	四	五	六

Memo No. ________

Date / /

日	一	二	三	四	五	六

Memo No. ______
Date / /

日	一	二	三	四	五	六

Memo No. ____________

Date / /

日	一	二	三	四	五	六

Memo No. ____________

Date　　/　　/

日	一	二	三	四	五	六

Memo No. ____________

Date　　/　　/

日	一	二	三	四	五	六

Memo No.
Date / /

日	一	二	三	四	五	六

Memo No. ____________
Date   /   /

日	一	二	三	四	五	六

Memo No.

Date / /

日	一	二	三	四	五	六

Memo No. ________

Date / /

日	一	二	三	四	五	六

Memo No. ____________

Date　　/　　/

日	一	二	三	四	五	六

Memo No. ____________
Date / /

日	一	二	三	四	五	六

Memo No.
Date / /

日	一	二	三	四	五	六

Memo No. ____________
Date / /

日	一	二	三	四	五	六

Memo No.

Date / /

日	一	二	三	四	五	六

Memo No.

Date / /

日	一	二	三	四	五	六

Memo No. ____________

Date / /

日	一	二	三	四	五	六

Memo No. ____________

Date　　/　　/

日	一	二	三	四	五	六

Memo No. ____________

Date　　/　　/

日	一	二	三	四	五	六

Memo No. ____________
Date / /

日	一	二	三	四	五	六

Memo No.

Date / /

日	一	二	三	四	五	六

Memo No. ____________

Date / /

日	一	二	三	四	五	六

Memo No.
Date / /

日	一	二	三	四	五	六

Memo No.
Date / /

日	一	二	三	四	五	六

Memo No. ____________

Date　　/　　/

日	一	二	三	四	五	六

Memo No. ____________

Date / /

日	一	二	三	四	五	六

Memo No. ____________
Date　　/　　/

日	一	二	三	四	五	六

Memo No. ____________
Date / /

日	一	二	三	四	五	六

Memo No. ____________

Date　　/　　/

日	一	二	三	四	五	六

Memo No. ______
Date / /

日	一	二	三	四	五	六

Memo No.

Date / /

日	一	二	三	四	五	六

Memo No. ________

Date / /

日	一	二	三	四	五	六

Memo No. ____________
Date / /

日	一	二	三	四	五	六

Memo No. ____________
Date   /   /

日	一	二	三	四	五	六

Memo No.
Date / /

日	一	二	三	四	五	六

Memo No. ________

Date / /

日	一	二	三	四	五	六

Memo No.

Date / /

日	一	二	三	四	五	六

Memo No. ______

Date　/　/

日	一	二	三	四	五	六

Memo No. ____________

Date　　/　　/

日	一	二	三	四	五	六

Memo No. ____________

Date / /

日	一	二	三	四	五	六

Memo No.
Date / /

日	一	二	三	四	五	六

Memo No. ____________

Date / /

日	一	二	三	四	五	六

Memo No. ____________

Date / /

日	一	二	三	四	五	六

Memo No. ____________
Date　　/　　/

日	一	二	三	四	五	六

Memo No. ____________

Date　　/　　/

日	一	二	三	四	五	六

Memo No. ____________

Date　　/　　/

日	一	二	三	四	五	六

Memo No. ________
Date / /

日	一	二	三	四	五	六

Memo No. ______

Date / /

日	一	二	三	四	五	六

Memo No. ________
Date / /

日	一	二	三	四	五	六

Memo No. ________

Date / /

日	一	二	三	四	五	六

Memo No. ____________
Date   /   /

日	一	二	三	四	五	六

Memo No. ____________
Date　　/　　/

日	一	二	三	四	五	六

Memo No. ____________

Date　　/　　/

日	一	二	三	四	五	六

Memo No.
Date / /

日	一	二	三	四	五	六

Memo No. ____________
Date / /

日	一	二	三	四	五	六

Memo No. ________

Date   /   /

日	一	二	三	四	五	六

Memo No. ________

Date / /

日	一	二	三	四	五	六

Memo No. ________
Date / /

日	一	二	三	四	五	六

Memo No. ____________

Date　　/　　/

日	一	二	三	四	五	六

Memo No.
Date / /

日	一	二	三	四	五	六

Memo No.

Date / /

日	一	二	三	四	五	六

Memo No. ________

Date / /

日	一	二	三	四	五	六

Memo No. ____________

Date　　/　　/

日	一	二	三	四	五	六

Memo No. ____________

Date　　/　　/

日	一	二	三	四	五	六

Memo No. ____________
Date / /

日	一	二	三	四	五	六

Memo No. ____________

Date　/　/

日	一	二	三	四	五	六

Memo No.

Date / /

日	一	二	三	四	五	六

Memo No. ____________

Date　/　/

日	一	二	三	四	五	六

Memo No. ______
Date / /

日	一	二	三	四	五	六

Memo No. ____________
Date　　/　　/

日	一	二	三	四	五	六

Memo No. ____________
Date   /   /

日	一	二	三	四	五	六

Memo No. ____________
Date / /

日	一	二	三	四	五	六

Memo No. ________
Date / /

日	一	二	三	四	五	六

Memo No. ____________

Date　　/　　/

日	一	二	三	四	五	六

Memo No. ______
Date　/　/

日	一	二	三	四	五	六

Memo No. ____________

Date / /

日	一	二	三	四	五	六

Memo No. ____________

Date / /

日	一	二	三	四	五	六

Memo No. ____________
Date / /

日	一	二	三	四	五	六

Memo No. ____________
Date / /

日	一	二	三	四	五	六

Memo No. ________

Date / /

日	一	二	三	四	五	六

Memo No.
Date / /

日	一	二	三	四	五	六

Memo No. ____________
Date　　　/　　　/

日	一	二	三	四	五	六

Memo No. ____________

Date　　/　　/

日	一	二	三	四	五	六

Memo No.
Date / /

日	一	二	三	四	五	六

Memo No. ____________

Date　　/　　/

日	一	二	三	四	五	六

Memo No. ______

Date / /

日	一	二	三	四	五	六

Memo No.
Date / /

日	一	二	三	四	五	六

Memo No. ____________
Date　　/　　/

日	一	二	三	四	五	六

Memo No.
Date / /

日	一	二	三	四	五	六

Memo No. ____________

Date　　/　　/

日	一	二	三	四	五	六

Memo No.

Date / /

日	一	二	三	四	五	六

Memo No. ____________

Date　　/　　/

日	一	二	三	四	五	六

Memo No. ____________
Date / /

日	一	二	三	四	五	六

Memo No. ____

Date / /

日	一	二	三	四	五	六

Memo No. ____________

Date   /   /

日	一	二	三	四	五	六

Memo No.
Date / /

日	一	二	三	四	五	六

Memo No. ____________
Date   /   /

日	一	二	三	四	五	六

Memo No.
Date / /

日	一	二	三	四	五	六

Memo No. ____________

Date / /

日	一	二	三	四	五	六

Memo No. ____________
Date / /

日	一	二	三	四	五	六

Memo No. __________

Date / /

日	一	二	三	四	五	六

Memo No. ____________
Date / /

日	一	二	三	四	五	六

Memo No. ____________
Date　　/　　/

日	一	二	三	四	五	六

Memo No. ________
Date / /

日	一	二	三	四	五	六

Memo No.

Date / /

日	一	二	三	四	五	六

Memo No. ____________

Date / /

日	一	二	三	四	五	六

Memo No. ____________
Date / /

日	一	二	三	四	五	六

Memo No. ____________

Date / /

重要日期备忘录

□时间：　　　　　年　　月　　日　　星期

□事项：

□时间：　　　　　年　　月　　日　　星期

□事项：

□时间：　　　　　年　　月　　日　　星期

□事项：

□时间:　　　　年　　月　　日　　星期

□事项:

□时间:　　　　年　　月　　日　　星期

□事项:

□时间:　　　　年　　月　　日　　星期

□事项:

□时间:　　　　年　　月　　日　　星期

□事项:

□时间:　　　　年　　月　　日　　星期

□事项:

□时间： 年 月 日 星期

□事项：

□时间： 年 月 日 星期

□事项：

□时间： 年 月 日 星期

□事项：

□时间： 年 月 日 星期

□事项：

□时间： 年 月 日 星期

□事项：

□时间：　　　　年　　月　　日　　星期

□事项：

□时间：　　　　年　　月　　日　　星期

□事项：

□时间：　　　　年　　月　　日　　星期

□事项：

□时间：　　　　年　　月　　日　　星期

□事项：

□时间：　　　　年　　月　　日　　星期

□事项：

重要事件备忘录

□时间：　　　　　年　　月　　日　　　星期

□事件摘要：

□时间：　　　　　年　　月　　日　　　星期

□事件摘要：

□时间：　　　　年　　月　　日　　　星期

□事件摘要：

□时间：　　　　年　　月　　日　　　星期

□事件摘要：

□时间：　　　　年　　月　　日　　　星期

□事件摘要：

□时间：　　　　年　　月　　日　　　星期

□事件摘要：

□时间：　　　　年　　月　　日　　　星期

□事件摘要：

□时间：　　　　年　　月　　日　　　星期

□事件摘要：

□时间：　　　　年　　月　　日　　星期

□事件摘要：

□时间：　　　　年　　月　　日　　星期

□事件摘要：

□时间：　　　　年　　月　　日　　星期

□事件摘要：

通讯录

□姓名：	□单位：
□电话：	□传真：
□手机：	□ QQ：
□邮箱：	□微信：
□地址：	
□备注：	

□姓名：	□单位：
□电话：	□传真：
□手机：	□ QQ：
□邮箱：	□微信：
□地址：	
□备注：	

□姓名：	□单位：
□电话：	□传真：
□手机：	□ QQ：
□邮箱：	□微信：
□地址：	
□备注：	

■通讯录

□姓名:	□单位:
□电话:	□传真:
□手机:	□ QQ:
□邮箱:	□微信:
□地址:	
□备注:	

□姓名:	□单位:
□电话:	□传真:
□手机:	□ QQ:
□邮箱:	□微信:
□地址:	
□备注:	

□姓名:	□单位:
□电话:	□传真:
□手机:	□ QQ:
□邮箱:	□微信:
□地址:	
□备注:	

通讯录

□姓名： □单位：

□电话： □传真：

□手机： □ QQ：

□邮箱： □微信：

□地址：

□备注：

□姓名： □单位：

□电话： □传真：

□手机： □ QQ：

□邮箱： □微信：

□地址：

□备注：

□姓名： □单位：

□电话： □传真：

□手机： □ QQ：

□邮箱： □微信：

□地址：

□备注：

■通讯录

□姓名:	□单位:
□电话:	□传真:
□手机:	□ QQ:
□邮箱:	□微信:
□地址:	
□备注:	

□姓名:	□单位:
□电话:	□传真:
□手机:	□ QQ:
□邮箱:	□微信:
□地址:	
□备注:	

□姓名:	□单位:
□电话:	□传真:
□手机:	□ QQ:
□邮箱:	□微信:
□地址:	
□备注:	

通讯录

□姓名:	□单位:
□电话:	□传真:
□手机:	□ QQ:
□邮箱:	□微信:
□地址:	
□备注:	

□姓名:	□单位:
□电话:	□传真:
□手机:	□ QQ:
□邮箱:	□微信:
□地址:	
□备注:	

□姓名:	□单位:
□电话:	□传真:
□手机:	□ QQ:
□邮箱:	□微信:
□地址:	
□备注:	

■通讯录

□姓名: □单位:

□电话: □传真:

□手机: □ QQ:

□邮箱: □微信:

□地址:

□备注:

□姓名: □单位:

□电话: □传真:

□手机: □ QQ:

□邮箱: □微信:

□地址:

□备注:

□姓名: □单位:

□电话: □传真:

□手机: □ QQ:

□邮箱: □微信:

□地址:

□备注:

图书在版编目（CIP）数据

职工代表学习手册 / 本书编写组编著 . —北京：中国工人出版社，2018.8
ISBN 978-7-5008-7052-4

Ⅰ . ①职… Ⅱ . ①本… Ⅲ . ①职工代表大会—工作—中国—手册
Ⅳ . ① D412.2-62

中国版本图书馆 CIP 数据核字（2018）第 200916 号

职工代表学习手册

出 版 人	王娇萍
责任编辑	赵晨羽
责任校对	孙迺伟
责任印制	栾征宇
出版发行	中国工人出版社
地　　址	北京市东城区鼓楼外大街 45 号　邮编：100120
网　　址	http://www.wp-china.com
电　　话	（010）62005043（总编室） （010）62005039（出版物流部） （010）82075935（工会与劳动关系分社）
发行热线	（010）62004002 （010）82081553（传真）
经　　销	各地书店
印　　刷	三河市东方印刷有限公司
开　　本	787 毫米 ×1092 毫米　1/32
印　　张	7.25
字　　数	60 千字
版　　次	2018 年 9 月第 1 版　2021 年 12 月第 3 次印刷
定　　价	40.00 元

学习强会—全国工会知识服务平台

中国工人出版社微信

ISBN 978-7-5008-7052-4

9 787500 870524 >

定价：40.00 元

ISBN 978-7-5008-7052-4/D · 1231